# DIE GEBRAUCHSANWEISUNG
## DES SCHÖPFERS

# DIE GEBRAUCHSANWEISUNG DES SCHÖPFERS

*Eine neue Betrachtung der Zehn Gebote*

David Pawson

**Anchor Recordings**

Copyright © 2021 David Pawson Ministry CIO

DIE GEBRAUCHSANWEISUNG DES SCHÖPFERS
*Eine neue Betrachtung der Zehn Gebote*
English title: THE MAKER'S INSTRUCTIONS
*A new look at the Ten Commandments*

David Pawson ist gemäß dem Copyright, Designs and Patents Act 1988 der Urheber dieses Werkes.

Alle Rechte vorbehalten.

Herausgeber der deutschen Ausgabe 2021 in Großbritannien: Anchor, ein Handelsname von David Pawson Publishing Ltd.
Synegis House, 21 Crockhamwell Road,
Woodley, Reading RG5 3LE UK

Dieses Werk ist urheberrechtlich geschützt. Ohne vorherige schriftliche Genehmigung des Verlages darf kein Teil dieses Buches in irgendeiner Form vervielfältigt oder weitergegeben werden. Das betrifft auch die elektronische oder mechanische Vervielfältigung und Weitergabe, einschließlich Fotokopien, Aufzeichnungen und Systemen zur Informations- und Datenspeicherung und deren Wiedergewinnung.

Die Bibelzitate wurden, soweit nicht anders angegeben, der Bibelübersetzung Hoffnung für Alle® (Hope for All)© 1983, 1996, 2002, 2009, 2015 by Biblica, Inc.® mit freundlicher Genehmigung des Herausgebers Fontis entnommen sowie der Lutherbibel (LUT), revidiert 2017, © 2016 Deutsche Bibelgesellschaft, Stuttgart und der Neue evangelistische Übersetzung © by Karl-Heinz Vanheiden (NeÜ).

Übersetzung aus dem Englischen: Lisa Schmid, Ditzingen

Weitere Titel von David Pawson, einschließlich DVDs und CDs:
**www.davidpawson.com**

KOSTENLOSE DOWNLOADS:
**www.davidpawson.org**

Weitere Informationen:
**info@davidpawsonministry.com**

**ISBN 978-1-913472-47-4**

Gedruckt von Ingram

# *Inhalt*

| | | |
|---|---|---:|
| | VORWORT | 7 |
| 1. | KEINE ANDEREN GÖTTER | 25 |
| 2. | KEINE GÖTZENBILDER | 39 |
| 3. | GOTTES NAMEN NICHT MISSBRAUCHEN | 55 |
| 4. | DEN SABBAT HALTEN | 71 |
| 5. | VATER UND MUTTER EHREN | 87 |
| 6. | NICHT MORDEN | 99 |
| 7. | NICHT EHEBRECHEN | 113 |
| 8. | NICHT STEHLEN | 129 |
| 9. | KEIN FALSCHES ZEUGNIS REDEN | 141 |
| 10. | NICHT BEGEHREN | 153 |

Grundlage dieses Büchleins ist eine Reihe mündlicher Vorträge. Vielen Lesern wird daher der Unterschied zu meinem gewöhnlichen Schreibstil auffallen. Das soll sie jedoch, wie ich hoffe, nicht vom Inhalt meiner biblischen Erörterung ablenken.

Wie immer bitte ich meine Leser, alles, was ich sage oder schreibe, mit dem biblischen Text zu vergleichen. Wenn sie irgendwo einen Widerspruch entdecken, fordere ich sie hiermit auf, sich am klaren Wortlaut der Bibel zu orientieren.

*David Pawson*

# VORWORT

Und Gott redete alle diese Worte: Ich bin der HERR, dein Gott, der ich dich aus Ägyptenland, aus der Knechtschaft, geführt habe. Du sollst keine anderen Götter haben neben mir. Du sollst dir kein Bildnis noch irgendein Gleichnis machen, weder von dem, was oben im Himmel, noch von dem, was unten auf Erden, noch von dem, was im Wasser unter der Erde ist: Bete sie nicht an und diene ihnen nicht! Denn ich, der HERR, dein Gott, bin ein eifernder Gott, der die Missetat der Väter heimsucht bis ins dritte und vierte Glied an den Kindern derer, die mich hassen, aber Barmherzigkeit erweist an vielen Tausenden, die mich lieben und meine Gebote halten. Du sollst den Namen des HERRN, deines Gottes, nicht missbrauchen; denn der HERR wird den nicht ungestraft lassen, der seinen Namen missbraucht. Gedenke des Sabbattages, dass du ihn heiligst. Sechs Tage sollst du arbeiten und alle deine Werke tun. Aber am siebenten Tage ist der Sabbat des HERRN, deines Gottes. Da sollst du keine Arbeit tun, auch nicht dein Sohn, deine Tochter, dein Knecht, deine Magd, dein Vieh, auch nicht dein Fremdling, der in deiner Stadt lebt. Denn in sechs Tagen hat der HERR Himmel und Erde gemacht und das Meer und alles, was darinnen ist, und ruhte am siebenten Tage. Darum segnete der HERR den Sabbattag und heiligte ihn. Du sollst deinen Vater und deine Mutter ehren, auf dass du lange lebest in dem Lande, das dir der HERR, dein Gott, geben wird. Du sollst nicht töten. Du sollst nicht ehebrechen. Du sollst nicht stehlen. Du sollst nicht falsch Zeugnis reden wider deinen Nächsten. Du sollst nicht begehren deines Nächsten Haus. Du sollst nicht begehren deines Nächsten Frau, Knecht, Magd, Rind,

# DIE GEBRAUCHSANWEISUNG DES SCHÖPFERS

Esel noch alles, was dein Nächster hat. Und alles Volk sah den Donner und die Blitze und den Ton der Posaune und den Berg rauchen. Als sie aber solches sahen, flohen sie und blieben in der Ferne stehen und sprachen zu Mose: Rede du mit uns, wir wollen hören; aber lass Gott nicht mit uns reden, wir könnten sonst sterben. Mose aber sprach zum Volk: Fürchtet euch nicht, denn Gott ist gekommen, euch zu versuchen, damit ihr's vor Augen habt, wie er zu fürchten sei, und ihr nicht sündigt. So stand das Volk von ferne, aber Mose nahte sich dem Dunkel, darinnen Gott war. Und der HERR sprach zu ihm: So sollst du den Israeliten sagen: Ihr habt gesehen, dass ich mit euch vom Himmel geredet habe."

*2. Mose 20,1-22 (LUT)*

Das war eine tiefgreifende und feierliche Erfahrung. Gott gab ihnen nur zehn Gebote, die sie halten sollten. In einer Gemeinde, in der ich vor vielen Jahren Pastor war, erinnert man sich hauptsächlich deshalb an mich, weil ich „die Zehn Gebote abgeschafft habe". Es gab eine Gips-Tafel hinter der Kanzel, auf der in schokoladenbrauner, gotischer Schrift die Zehn Gebote standen. Niemand konnte sich erinnern, wann sie aufgehängt wurden, doch viele Mitglieder wussten, wie oft sie neu lackiert worden waren, wenn man den Rest der Gemeinde tapezierte. Immer, wenn ich predigte, musste ich daran denken, dass sie hinter meinem Kopf lasen: „Du sollst nicht..." Im besagten Jahr flog diese Tafel raus. Der Pastor, der die Zehn Gebote abschaffte! Natürlich war dies nicht meine Absicht.

Christus hat gesagt: „Ich bin nicht gekommen, um das Gesetz aufzulösen, sondern um es zu erfüllen..." Ein weit verbreitetes Missverständnis lautet, dass Christen mit den Zehn Geboten nichts zu tun hätten. Ich weiß noch, wie ich einen Cartoon im *Punch* Magazin sah: Er zeigte einen ziemlich niedergeschlagenen Pfarrer, der an der Tür seiner Kirche vor der Anzeigetafel stand, die eine Predigtreihe über die Zehn Gebote ankündigte. Durch die offene Tür konnten Sie leere Kirchenbänke hinter dem Pfarrer erkennen, der sehnsüchtig über die Straße zum Kino blickte. Davor stand eine große Plakatwand mit der Aufschrift: „Fantastisch, sensationell! Die Zehn Gebote". Die Menschenschlang reichte von der Kino-Tür bis um die Ecke des Gebäudes.

Der Pfarrer schaute sehnsüchtig zu der Menschenmasse hinüber.

# VORWORT

Allerdings waren die Menschen, die den Film anschauen wollten, nicht auf *Heiligung* aus, sondern auf *Sensation*. Sie suchten nach Unterhaltung, nicht nach geistlicher Erbauung. Auch wenn der Titel des Filmes „Die Zehn Gebote" hieß, spielten sie eine sehr kleine Rolle in dem Streifen. Es war größtenteils ein typisches Hollywood-Spektakel, obwohl Cecil B. DeMille selbst zu Beginn des Films erschien. Er erklärte kurz, dass die westliche Zivilisation seiner Meinung nach auf den Zehn Geboten beruhte, und das enthält ein Körnchen Wahrheit.

Ich werde 21 Punkte anführen, die in drei Hauptpunkte unterteilt werden können.

Ich möchte Ihnen sieben Gründe nennen, warum Menschen die Zehn Gebote nicht studieren und meinen, ich sollte sie Ihnen nicht erläutern.

Dann werde ich Ihnen sieben Gründe nennen, warum ich sie Ihnen erläutern werde und warum sie für Sie wichtig sind.

Schließlich werde ich Ihnen sieben Aspekte der Zehn Gebote veranschaulichen, die Sie zum Nachdenken bringen werden.

Vielen Menschen heutzutage erscheint es sehr sonderbar, so weit zurückzugehen, bis zu den Zehn Geboten.

Hier kommen nun die sieben Argumente, die mir begegnet sind, warum Menschen sagen, Sie sollten sich heute nicht mit den Zehn Geboten beschäftigen. Erstens, es handelt sich um Regeln und Anordnungen. Der Mensch braucht heute keine Regeln mehr, er ist erwachsen und reif geworden. In dieser hochentwickelten, technisierten Zeit muss man uns nicht mehr sagen, wie wir uns verhalten sollten. Behandelt uns wie reife Erwachsene, wir sind keine Kinder mehr. Man muss uns nicht mehr sagen, wie wir uns verhalten sollten. Gehen wir davon aus, dass wir über gesunden Menschenverstand verfügen.

Das wird nun im Namen der „Freiheit" von vielen Gruppierungen vertreten. Was die Menschen brauchen, ist Freiheit, so behandelt zu werden, als könnten sie sich selbst disziplinieren. Diese Forderung hört man in vielen Bereichen. Es wäre sehr schön, wenn das zuträfe, doch es funktioniert nicht.

Wenn man sagt: „Überlasst es dem gesunden Menschenverstand", fürchte ich, dass der Verstand nicht so weit verbreitet ist. In der Praxis haben wir festgestellt, dass wir in fast jedem Lebensbereich Regeln brauchen, weil wir sonst einfach nicht zusammenleben

## DIE GEBRAUCHSANWEISUNG DES SCHÖPFERS

können. Setze ich mich ins Auto, so muss ich anerkennen, dass es absolut unmöglich wäre, am Straßenverkehr teilzunehmen, wenn jeder auf der Straße das tun würde, was ihm gerade einfällt. Gehe ich Fußball spielen, muss ich begreifen, dass es ohne Regeln unmöglich wäre, dieses Spiel zu spielen. Genau das ist das Problem beim Schlagball, soweit ich es verstehe: Jedes Mal, wenn ich es spiele, gibt es neue Regeln. Jeder Lebensbereich hat gezeigt, dass Menschen ohne Regeln in der Gesellschaft nicht gut miteinander auskommen können. Es muss Beschränkungen unserer Freiheit geben, wenn wir diese Freiheit genießen wollen, und die Zehn Gebote sagen uns dasselbe.

Doch jemand mag einwenden: „Wer hat das Recht, mir zu sagen, was ich tun soll? Niemand hat das Recht, jemand anderem zu sagen, wie er sich verhalten muss." Allerdings hat Gott das Recht, Regeln für mein Leben aufzustellen! Er hat die Autorität, mir zu sagen, wie ich mich verhalten soll, weil er mich geschaffen hat, und er kann diese Autorität auch auf andere übertragen.

Der zweite Einwand, der mir begegnet, besagt, die Zehn Gebote sind zu negativ, voller „du sollst nicht". Natürlich trifft das nicht auf alle zu. Manche von ihnen sind ziemlich positiv: Sechs Tage sollst du arbeiten. Das ist positiv, wenngleich es auch nicht sehr populär sein mag, doch im Großen und Ganzen sind sie negativ. Menschen halten das für schlechte Psychologie. Wollen Sie wirklich positive Reaktionen von Menschen erhalten, kommen Sie ihnen nicht mit einer Liste von Verboten – das wird einfach nur den gegenteiligen Effekt erzeugen; es wird zur Verdrängung führen; die Menschen werden dann das tun wollen, was verboten ist. Allerdings ziehe ich Gott der Psychologie vor, wenn es das ist, was die Psychologie sagt. Ich glaube, Gott weiß es besser. Ich bin der Ansicht, Gott weiß, dass man nicht nur definieren muss, was richtig ist, wenn man irgendeine Form der Ethik anstrebt, sondern auch festlegen muss, was falsch ist. Anderenfalls werden Menschen die Grenzen ethisch-moralischen Verhaltens nicht begreifen. Sie müssen sagen: „Das ist richtig, und das ist falsch", dann wissen sie, wo sie stehen. Wir brauchen negative Aussagen. Selbst vor dem Sündenfall brauchte Adam im Garten Eden ein Verbot, damit er eine freiwillige Entscheidung treffen konnte. Hätte Gott nicht einen Baum in den Garten Eden gepflanzt, von dem Adam nicht essen durfte, hätte es für Adam keine Entscheidungsmöglichkeit für Gottes Weg gegeben.

## VORWORT

Darüber hinaus war es seit dem Sündenfall für Gott notwendig, die Liste der „du sollst nicht" zu erweitern. Denn nach der freien Entscheidung für das Falsche gibt es viele weitere Dinge, die der Mensch kontinuierlich tut, die von Gott als falsch einzustufen sind.

Drittens, es gibt jene, die gegen absolute moralische Werte eingestellt sind und alles als relativ ansehen wollen. Damit meine ich, dass sie eine Ethik befürworten, die verändert und an Umstände angepasst werden kann. Ihr Einwand lautet, die Zehn Gebote würden absolute Werte festschreiben, die in jeder Situation ohne Ausnahme richtig oder falsch sind. Viele Stimmen heute sagen: „Das ist keine wahre Ethik – moralische Grundsätze werden sich in verschiedenen Situationen verändern, sie sind relativ, nicht absolut. Sie können nicht immer so bleiben, ihr müsst euch anpassen." Ehrlich gesagt bin ich überzeugt, dass Sie die Moral über Bord werfen, wenn Sie auf absolute moralische Werte verzichten. Früher oder später erreichen Sie den Punkt, an dem Sie nicht mehr wissen, was richtig und was falsch ist, wenn etwas *manchmal* als richtig oder falsch gilt. Es muss absolute Werte geben, selbst wenn es Fragen gibt, die sich mit den Umständen verändern.

Ein vierter Einwand besagt, die Zehn Gebote sind altmodisch und absolut nicht mehr aktuell. Schließlich wurden sie vor rund 3500 Jahren aufgestellt. Wie können Regeln, die in einer Gesellschaft, in einem Land und unter Umständen entstanden sind, die so weit von uns entfernt und so anders sind, heute noch für mich relevant sein? Sie sind einfach hinfällig geworden. Es gab einen Arzt, Dr. Vine, in Yorkshire, der zu einer Jugendgruppe sprach, als er schon über 90 war. Am Ende sagte ein Mädchen zu ihm: „Dr. Vine, Ihre Ansichten sind so altmodisch."

Er antwortete ihr: „Junge Dame, Sie sind auf altmodische Art und Weise auf diese Welt gekommen und Sie werden sie genauso altmodisch wieder verlassen." Das war eine sehr gute Antwort an die Adresse dieses modernen Mädchens!

Die Wahrheit ist schlicht und einfach folgende: Auch wenn unsere Umstände, unsere Kleidung, unser Sinn für Mode und unsere Technologie sich verändert haben, die menschliche Natur hat es nicht, genauso wenig wie die göttliche. Gott und Mensch sind immer noch dieselben. Lesen Sie die Zehn Gebote in Ihrer Bibel und dann die neusten Nachrichten – sagen Sie mir dann immer noch, dass diese Gebote altmodisch sind und nicht länger

## DIE GEBRAUCHSANWEISUNG DES SCHÖPFERS

zu unserer Gesellschaft passen? Sie handeln genau von den Dingen, mit denen die Menschen heute zu kämpfen haben. Die aktuellen Schlagzeilen sagen überhaupt nichts Neues, es steht alles da. Unsere Beziehungsprobleme, entweder untereinander oder mit Gott, haben sich nicht verändert, daher sind die Gebote nicht altmodisch.

Fünftens: „Die Zehn Gebote richten sich an Juden, und wir sind Christen; wir haben genug Lehraussagen Christi im Neuen Testament ohne die Zehn Gebote. Das ist jüdisch, das wäre ein Rückschritt in das Alte Testament. Wir leben im Neuen Testament." Das ist tatsächlich ein subtileres Argument. Ich möchte Sie daran erinnern, dass Jesus Jude war, der unter dem Gesetz geboren wurde, unter dem Geltungsbereich der Zehn Gebote. Denken Sie daran, dass neun der Zehn (die Ausnahme ist wichtig und wir werden sie später erörtern) wortwörtlich im Neuen Testament wiederholt werden, und sie beziehen sich genauso auf Christen. Ich möchte sie daran erinnern, dass Jesus sagte, weder „der kleinste Buchstabe noch ein Tüpfelchen vom Gesetz" werde vergehen (Matthäus 5,18; LUT) und dass er gekommen sei, um es zu erfüllen, um es von der Gesetzgebung in die Handlung zu übersetzen, es vollständig *zu erfüllen*. Er kam nicht, um das Gesetz abzuschaffen oder zu zerstören.

Dann gibt es Menschen, die noch subtiler erklären, Christen sollten die Zehn Gebote nicht studieren, weil wir unter der Gnade stünden und nicht unter dem Gesetz, ein sehr überzeugendes Argument. Ich stimme zu, dass wir nicht unter dem Gesetz stehen, das Neue Testament bekräftigt das. Doch was bedeutet dieser Satz? Bedeutet er, dass wir uns jetzt nicht mehr um den Willen Gottes kümmern müssten? Dass wir seine Gebote nicht mehr studieren sollten? Keinesfalls, diese Aussage dreht sich hauptsächlich um die Grundlage unserer Beziehung zu Gott. Wenn Sie den Kontext lesen, sagt er sehr deutlich, dass Sie Ihre Beziehung zu Gott nicht aufbauen können, indem Sie die Zehn Gebote halten. Wäre das der Fall, stünden Sie wieder unter dem Gesetz; Sie stünden dann unter dem Fluch, weil Sie die Gebote nicht halten können. Unter dem Gesetz zu leben, sodass die Zehn Gebote wie ein Damoklesschwert über Ihrem Kopf hängen, ist etwas, das Christen weit hinter sich gelassen haben. Wir stehen insofern nicht unter dem Gesetz, als wir die Gebote halten müssten, um mit Gott im Reinen zu sein. Die

# VORWORT

Gnade Gottes hat für unsere Beziehung zu ihm eine vollkommen neue Grundlage geschaffen. Wir stehen nicht unter dem Gesetz, sondern unter der Gnade. Doch in anderer Hinsicht sind wir dem Gesetz Gottes verpflichtet. Mehr dazu weiter unten, doch unsere Motivation, das Gesetz zu halten, hat sich vollkommen verändert. Die Motivation unter dem alten Gesetz lag darin, mit Gott ins Reine zu kommen, und das Recht zu verdienen, die Gerechtigkeit zu erlangen, in den Himmel zu kommen – und das ist furchtbar schief gegangen, denn niemand war dazu in der Lage. Die neue Motivation, das Gesetz Gottes zu halten, ist Dankbarkeit. Jesus sagte: „Wenn ihr mich liebt, werdet ihr meine Gebote halten." Da er die Zehn Gebote wiederholte, folgt daraus, dass er sie als Ausdruck unserer Liebe bekräftigte. Mit anderen Worten: Ich halte die Zehn Gebote nicht länger, um in den Himmel zu kommen, sondern weil ich hoffe, dorthin zu gelangen. Das macht das Gesetz zu meinem Diener und nicht zu meinem Meister. Ich unterstehe ihm nicht länger.

Das letzte Argument gegen ein Studieren der Zehn Gebote lautet: Liebe ist alles, was man braucht. Ich werde es die Liebesdoktrin nennen. Es gibt viele bekennende Christen (und andere), die behaupten, das einzige Gebot, das wir bräuchten, ist Liebe. Wenn wir unseren Nächsten und Gott lieben, könnten wir die Zehn Gebote vergessen. Es hört sich auf den ersten Blick wie eine zutiefst biblische Doktrin an, denn das Neue Testament erklärt: „Liebe ist die Erfüllung des Gesetzes", und was bedeutet „du sollst nicht töten", „du sollst nicht stehlen", „du sollst nicht ehebrechen" anderes als „liebe deinen Nächsten"? Doch diese Ansicht hat eine fürchterliche Schwäche. Wenn die Liebe alles ist, was man mir sagen muss, dann brauche ich keine anderen Lehren des Neuen Testaments mehr.

Allerdings haben Menschen im Namen der Liebe begonnen, sich für die Verletzung der Gebote einzusetzen. Personen, die sagen, nur Liebe werde gebraucht, behaupten jetzt, dass Totschlag gerechtfertigt werden könne, wenn er aus Liebe verübt werde. Ehebruch kann gerechtfertigt werden, wenn er aus Liebe geschieht. Vielleicht fragen Sie sich gerade, wie man meinen könnte, man würde jemanden lieben, wenn man gleichzeitig diese Dinge tut. Ich werde es Ihnen erklären.

Ein Angehöriger von Ihnen liegt im Sterben und hat fürchterliche

# DIE GEBRAUCHSANWEISUNG DES SCHÖPFERS

Schmerzen, kann sie nicht mehr ertragen und fleht Sie an, ihm bestimmte Medikamente zu geben. Die neue Ethik erklärt: So lange Sie diesen Menschen lieben, geben Sie ihm die Medikamente, töten Sie ihn. Es gibt Menschen, die behaupten, es sei heute bei weitem besser für einen Ehemann und eine Ehefrau Ehebruch zu begehen, wenn sie einfach nicht miteinander zurechtkommen und sich ihr eigenes Leben und das Leben ihrer Kinder ruinieren. Kennen diese Personen jemanden, mit dem sie stattdessen glücklich verheiratet sein könnten, weil in dieser Beziehung Liebe herrscht, sollten sie Ehebruch begehen.

Was ist mit einer Mutter, die einen Laib Brot für ihr verhungerndes Kind stiehlt, das sie liebt? Verstehen Sie, was ich sagen möchte? Wenn Sie sagen, Liebe ist die einzige Regel, dann dürfen Sie beginnen, die anderen Gesetze zu brechen. Ist das von Bedeutung? Ja, das ist es. Gottes Definition von Liebe ist eine Liebe, die die Gebote hält, statt sie zu brechen. Da unser Verständnis und unsere Weisheit begrenzt und endlich sind, muss man mir sagen, wie man liebt. Man muss mir sagen, was Liebe tun wird. Ich wage nicht, in dieser Frage meinen eigenen Gefühlen zu vertrauen. Ich will es Ihnen anhand eines simplen Beispiels illustrieren. Zwei junge Menschen verlieben sich ineinander, sie wollen heiraten. Sie kommen zu mir mit der Frage, wann ein Termin frei wäre. Sie erleben eine Überraschung. Ich spreche mit ihnen über Ehe, empfehle ihnen Bücher, erkläre ihnen, wie sie sich auf die Beziehung vorbereiten sollen, und sie antworten mir vielleicht: „Sie verstehen uns nicht, Pastor, Sie müssen uns nicht sagen, wie man Ehe lebt. Alles wird gut laufen. Wir lieben einander. Das ist alles, was es braucht."

Wenn das alles ist, was nötig ist, warum zerbrechen so viele Ehen? Das ist *nicht* alles, was es braucht, auch wenn manchmal Verwirrung darüber herrschen kann, wie Liebe gezeigt werden sollte. Es gibt also die Notwendigkeit für Hilfe und Anleitung, wie jede Eheberatungsstelle Ihnen bestätigen wird. Gott weiß, dass Sie ihn und einander lieben, doch das reicht nicht. Er will diese Liebe anleiten. Er will Ihnen sagen, was Liebe tun wird. Mit seiner Weisheit und seiner unbegrenzten Kenntnis der Situation weiß er am besten, wie Liebe sich zeigen kann, daher hat er Ihnen Gebote gegeben, um Ihnen zu verdeutlichen, wie diese Liebe praktisch wird.

# VORWORT

Meiner Ansicht nach ist der wahre Grund, warum Menschen es nicht mögen, die Zehn Gebote zu studieren, ein sehr einfacher. J.B. Phillips übersetzte ein Wort im Römerbrief folgendermaßen: „Es ist die klare Kante des göttlichen Gesetzes, die uns zeigt, wie verkrümmt wir sind." Prägen Sie sich diesen Satz ein. Er bringt mich zum ersten der sieben Gründe, warum wir die Zehn Gebote studieren und warum das hilfreich ist. Erstens, es hilft Ihnen, Sünde zu definieren. Was bedeutet dieses kleine Wort? Woher weiß ich, dass ich daran erkrankt bin? Woher weiß ich, dass ich ein Sünder bin? Ein sehr einfacher Weg, das herauszufinden, ist, die klare Kante des göttlichen Gesetzes anzuwenden. Woher wissen Sie, ob eine Wand krumm ist? Einfach, indem Sie eine gerade Kante anlegen. Woher wissen Sie, ob ein Mensch verkrümmt ist? Indem Sie einfach die klare Kante des göttlichen Gesetzes an ihn halten. Danken wir Gott für das Gesetz.

Wussten Sie, dass die Zehn Gebote viele Menschen zu Christus gebracht haben? Dass Billy Graham in seinen Predigten oft die Zehn Gebote durchging? Warum? Weil er wusste: Nur wenn Menschen sich krumm und schief fühlen, wollen sie gerade werden. Er wusste: Nur wenn Menschen bewusst wird, dass sie an der furchtbaren, tödlichen Krankheit der Sünden leiden, werden sie Heilung in Christus suchen. Daher zeigte er ihnen die klare Kante von Gottes Gesetz. Es definiert Sünde. Sünde ist nicht das, was die Sonntagszeitungen als solche bezeichnen oder die Werbung im Fernsehen. Sünde ist, was *Gott* als Sünde bezeichnet, und es ist eine Übertretung des Gesetzes. Wenn Sie also wissen möchten, ob Sie an der Krankheit Sünde leiden, setzen Sie sich einfach hin, lesen Sie die Zehn Gebote durch, haken Sie die Gebote, die Sie gehalten haben, ab und kreuzen Sie die Gebote an, die Sie gebrochen haben – das wird es Ihnen deutlich machen. Die Zehn Gebote definieren Sünde, sie diagnostizieren unsere Krankheit.

Selbst nachdem ich zu Christus gekommen bin, habe ich immer noch Probleme mit der Sünde. Mein altes Selbst, was die Bibel das „Fleisch" nennt, lungert immer noch herum. Ich muss wissen, ob ich im Glauben wachsen werde und welche Bereiche meines Lebens immer noch durch Sünde vergiftet sind. Wie kann ich das wissen? Indem ich die klare Kante von Gottes Gesetz studiere.

Ob ich nun gläubig bin oder nicht, es definiert die Sünde für mich. Zweitens, es hilft mir, Wegweisung zu empfangen. Ich

## DIE GEBRAUCHSANWEISUNG DES SCHÖPFERS

hoffe, es wird Sie nicht schockieren, doch ein Mann kam zu mir, der mir ins Gesicht sagte, er spüre Gottes Führung, seine Frau zu verlassen und mit einer anderen Frau zusammenzuleben. Er erzählte mir in aller Aufrichtigkeit, er habe darüber gebetet und darüber nachgedacht. Er sei überzeugt, Gott leite ihn, dies zu tun. Ich war sofort überzeugt, Gott habe das nicht zu ihm gesagt, denn Gott widerspricht sich nicht.

Es gibt zwei Arten der Anleitung, die wir brauchen: allgemeine und besondere. Die *allgemeine* Wegweisung über den Willen Gottes gilt für jede Person in jeder Situation – für jeden Lebensbereich. Die *besondere* Wegweisung ist Gottes Wille für mich unter diesen Umständen und an diesem Ort. Die Zehn Gebote betreffen die *allgemeine* Anleitung. Ich bin der Ansicht, manche Menschen haben Probleme, spezielle Wegweisung zu empfangen, weil sie die allgemeine Wegweisung ignorieren. Mit anderen Worten: Wenn wir bereits nicht mit dem *bekannten* Willen Gottes übereinstimmen, werden wir wahrscheinlich keine Antwort auf die Frage nach seinem noch *unbekannten* Willen erhalten. Welches Recht habe ich, ihn nach besonderer Wegweisung für mich in einer bestimmten Situation zu fragen, wenn ich alles ignoriere, was er mir bereits aufgetragen hat?

Die allgemeine Wegweisung hilft uns, Orientierung zu empfangen, auf deren Grundlage Gott dann bereit ist, uns spezifisch zu führen. Hier eine Illustration dazu: Ich glaube, Gott ist viel stärker daran interessiert, wie wir unsere Arbeit tun, als welche Art von Arbeit wir verrichten. Trotzdem sind unzählige jungen Menschen zu mir gekommen mit der Frage nach Wegweisung für ihr Arbeitsleben – welche Arbeit sollten sie tun? Sollte ich Missionar werden? Oder Schlachter? Oder Rechtsanwalt? Welchen Beruf sollte ich ausüben? Ihnen möchte ich sagen: „Sieh mal, Gott ist viel mehr daran interessiert, dass du ein guter Rechtsanwalt, ein guter Schlachter oder ein guter Missionar wirst." Die allgemeine Wegweisung Gottes in der Bibel lautet: Verrichte deine Arbeit zur Ehre Gottes. Wenn jemand seine bisherige Arbeit nicht bereits für Christus tut, was auch immer es sein mag, warum sollte Gott ihm dann sagen, welchen Job er tun soll? Die Reihenfolge lautet: erst die allgemeine Wegweisung Gottes, dann die spezielle Führung, und die Zehn Gebote stellen die allgemeine Wegweisung dar.

Drittens, das Gesetz hilft uns, den Charakter Gottes zu

## VORWORT

verstehen. Jemand, der die Zehn Gebote liest, sagt vielleicht: „Erstens ist er eine Spaßbremse. Sobald man etwas Spaß hat, sagt er: ,Du sollst nicht', so ein Gott ist er."

Das erinnert mich an den kleinen Jungen, der zur Schule ging und gefragt wurde: „Wie heißt du?" Er sagte: „Ich heiße Johnny Tudasnicht." So nannte ihn seine Mutter immer. Man hat den Eindruck, die Zehn Gebote zeigten uns einen Gott, der oben im Himmel sitzt und sagt: „Jemand hat Spaß auf der Erde. Wir erlassen sofort ein Gebot."

Das entspricht keinesfalls der Wahrheit. Ich will Ihnen sagen, welche Art von Gott die Zehn Gebote offenbaren: einen Gott, der erstens sehr hohe Ansprüche hat, und der für die Menschen das Beste will; ein Gott, der Ihnen nicht den Spaß verderben will, sondern der sagt: „Tu das, und es wird dir den Spaß verderben." Er ist ein Gott, der sagt: „Wenn du das Leben genießen willst, ich habe es geschaffen, und hier ist meine Gebrauchsanweisung."

Wenn Sie aus Ihrem Leben und Ihrer Gesellschaft das Beste machen wollen, sollten Sie beide auf diese Art führen. Gott, der das Beste will, wird in den Zehn Geboten offenbart – ein Gott, der sich nicht mit weniger zufrieden gibt. Daher helfen uns die Zehn Gebote, etwas Wichtiges über Gott zu verstehen.

Viertens, die Zehn Gebote helfen uns, Leid zu vermeiden. Es gibt zwei Arten, Erkenntnis über das Böse zu bekommen. Erstens, Sie hören auf jemand anderen, zweitens, Sie tun es selbst. Das Böse aus erster Hand kennenzulernen ist eine tragische Sache. Danken Sie Gott, wenn Sie es nur aus zweiter Hand kennen. Es wird Ihnen viel Leid ersparen. Das war das Problem des Baumes der Erkenntnis von Gut und Böse im Garten Eden. Gott wollte nicht, dass Adam ihn anrührte, denn es entsprach nicht seinem Willen, dass Adam das Böse aus erster Hand kennenlernte. Gott wollte, dass Adam seinem Wort glaubte, dass es Böses gibt, und es dabei beließ.

Lassen Sie mich Ihnen ein bodenständiges Beispiel geben. Ein junges Mädchen ist noch Jungfrau und genießt ihre Unschuld. Doch sie ist ein modernes Mädchen und sagt: „Ich werde nicht auf meine Eltern hören, die sagen, Enthaltsamkeit ist richtig und Unzucht ist falsch. Ich will das selbst herausfinden. Ich werde diese Erfahrung selbst machen und zu meinen eigenen Schlussfolgerungen kommen."

## DIE GEBRAUCHSANWEISUNG DES SCHÖPFERS

Sie wird es herausfinden, dass Unzucht falsch ist, allerdings auf die harte Tour, denn einer der Effekte wird sein, dass sie nicht länger ihre Unschuld genießen kann. Ihre Erkenntnis des Bösen wird aus erster Hand stammen, während ihre Erkenntnis des Guten nur noch aus zweiter Hand kommt. Sie kann nicht wieder unschuldig werden – und das ist etwas ganz anderes. Gott will nicht, dass Sie das Böse aus erster Hand erleben. Er will nicht, dass Sie dadurch leiden müssen. Es entspricht seinem Willen, dass Sie das Gute aus erster und das Böse aus zweiter Hand kennen. Die Zehn Gebote sollen verhindern, dass Menschen das Böse aus erster Hand kennenlernen und dabei ihre Unschuld verlieren; letztere können sie nicht wiedererlangen, wenn sie einmal verlorengegangen ist.

Fünftens, das Studium der Zehn Gebote hilft uns, das moralische Niveau unserer Gesellschaft anzuheben. Das eine, was unser Land verzweifelt braucht, sind gesetzestreue Bürger, die nicht nur menschliche Gesetze befolgen, sondern auch göttliche. Unsere Gesellschaft geht vor die Hunde, weil Menschen fehlen, die bestimmte Standards und Richtlinien einhalten. Jesus lehrte Folgendes: Wenn Sie sich wirklich an die Regeln halten, werden Sie wie das Salz der Erde wirken. Damit meinte er, Sie werden als Dünge- und Desinfektionsmittel fungieren. Es sind diese beiden Verwendungszwecke von Salz, die er im Kopf hatte: ein Düngemittel, welches das Gute wachsen lässt, und ein Desinfektionsmittel, um die Verbreitung des Bösen einzudämmen. Er lehrte: Ihr könnt Salz sein. Er sagte das, kurz bevor er in der Bergpredigt darüber sprach, nicht das Gesetz abzuschaffen, sondern es zu erfüllen. Gäbe es mehr Menschen in unserer Gesellschaft, welche die Zehn Gebote anerkennen, würde unser soziales Leben in diesem Land umgestaltet.

Sechstens, das Studium der Zehn Gebote wird Ihnen helfen, Ihre Kinder zu erziehen. Lassen Sie mich Ihnen zwei Extreme vor Augen malen. Sagen wir mal, es gibt zwei Jugendliche aus zwei verschiedenen Familien. In dem einen Haushalt ist alles klar geregelt. Die Mutter und der Vater stellen ständig Regeln auf. Die Eltern haben es also alles klar durchbuchstabiert. Der arme Teenager muss immer rechtzeitig kommen und gehen etc. Es herrscht eine Art Unterdrückung in diesem Haus, und der Teenager sagt (ich habe gehört, wie ein Mädchen das zu ihrer Mutter gesagt

# VORWORT

hat): „Wartet nur ab, bis ich alt genug bin, um hier rauszukommen. Ich werde mir eine eigene Wohnung nehmen und euch loswerden. Ich werde einfach gehen."

Diese unterdrückende Art, bei der es nur Regeln und Gesetze gibt, hat schädliche Auswirkungen auf Kinder. Doch das andere Extrem ist der andere Teenager: Ihren Eltern ist es egal, wann sie nach Hause kommt. Es gibt keine Regeln. „Hier ist der Haustürschlüssel: Hol dir Fish and Chips, du kannst alles haben." Interessanterweise haben Psychologen festgestellt, dass dieser zweite Teenager sich furchtbar unsicher fühlen wird, dass es ihn beschädigen wird. Die Freiheit, als Kind alles tun zu dürfen, was man will, ist tatsächlich nicht das Richtige und wird zu tiefsitzender Verunsicherung führen. Witzigerweise sind Teenager eigentlich zutiefst dankbar, wenn Eltern vernünftige Regeln aufstellen. Es gibt ihnen Sicherheit, weil sie die Grenzen kennen, innerhalb derer sie frei sind. Sie schaden einem Kind einerseits, wenn es nur Regeln und Gesetze gibt, und sie schaden ihm andererseits, wenn es nichts davon gibt. Kinder erleben Wegweisung in einem christlichen Zuhause, in dem die Eltern unter denselben Regeln stehen wie die Kinder; dadurch kommt dieses instinktive Bewusstsein, das ihm oder ihr im gesamten Leben helfen wird, dieses Wissen, dass es Sicherheit gibt.

Das bedeutet nicht, ein Kind wird alle Richtlinien so akzeptieren, wie sie von den Eltern interpretiert werden. Wenn ein Kind erwachsen wird, muss es sich fragen: Hatten meine Eltern Recht, zu sagen, das ist falsch? Ich selbst bin zu bestimmten Schlussfolgerungen gelangt, die sich von den moralischen Beurteilungen meiner Eltern unterscheiden, doch dabei geht es nicht um die Zehn Gebote. Ich wusste, meine Eltern akzeptierten diese genauso, wie ich es tun muss, und wir stehen alle unter derselben klaren Richtschnur.

Siebtens, die Gebote helfen uns, Jesus zu gefallen. Wollen Sie das nicht, wenn Sie Christ sind? Wollen Sie ihm nicht gefallen? Dann ist die Antwort sehr einfach. Jesus hat gesagt: „Wenn ihr mich liebt, haltet meine Gebote. So werdet ihr es mir recht machen. So zeigt ihr mir, dass ihr mich wirklich liebt." Jesus ist gekommen, um das Gesetz zu erfüllen. Er ist nicht gekommen, um es abzuschaffen. Er ist gekommen, um Menschen zu helfen, es zu tun. Nichts gefällt dem Herrn besser als jene, die ihm ihre Liebe dadurch zeigen, dass

## DIE GEBRAUCHSANWEISUNG DES SCHÖPFERS

sie seine Gebote halten. Sie sagen dadurch zum Herrn Jesus: „Ich liebe dich so sehr, dass dein Wunsch mir Befehl ist."

Jetzt wenden wir uns dem dritten und letzten Haupteinleitungspunkt zu, indem wir sieben Aspekte der Zehn Gebote vorstellen, die Sie zum Nachdenken anregen werden. Obwohl es zirka 630 Gebote im Alten Testament gibt (und über 1100 im Neuen), haben wir es hier nur mit *zehn* zu tun. Ist das ein Zufall? Zehn Finger. Kleinen jüdischen Kindern wurde beigebracht, sie sich anhand ihrer Finger zu merken. Gott hat sie so einfach gefasst, dass sie jeder von uns behalten kann. An Ihren beiden Händen haben Sie fünf Gebote, die Sie mit Gott verbinden, und fünf, die Sie mit Menschen in Beziehung setzen – sehr einfach. Das fünfte Gebot, „Ehre Vater und Mutter", ist übrigens ein Gebot, das Sie in ein richtiges Verhältnis zu Gott bringt. Denn bis Sie zu einer reifen Persönlichkeit geworden sind, sind Ihre Mutter und Ihr Vater die von Gott eingesetzten Autoritäten, die über Ihnen stehen. Ehren Sie Vater und Mutter, so ehren Sie ihn. Ich hoffe, Sie konnten alle Zehn Gebote problemlos rezitieren. Falls nicht, warum lernen Sie es nicht jetzt?

Zweitens, beachten Sie, dass Gott zuerst kommt. Eine der Ideen, die sehr weit verbreitet ist und die ich ständig korrigieren muss, besagt, dass Sie sich nicht um die ersten fünf kümmern müssten, wenn Sie die zweiten fünf halten. Ist Ihnen das schon begegnet? Liebe deinen Nächsten, sei nett zu ihm und halte dies alles, dann erlässt Gott Ihnen die ersten fünf. Jeder Student muss nur fünf von zehn richtig machen – Sie kennen das, oder? So lange wir unseren Nächsten lieben, tun wir alles, was Gott von uns verlangt, so lautet der Gedanke. Jesus sagte: „Das erste Gebot lautet: Liebe Gott", dabei fasste er alle fünf in dem einen zusammen. Dann erklärte er: „Das zweite Gebot besagt: Liebe deinen Nächsten wie dich selbst." Wieder fasste er alle fünf in einem zusammen. Doch fällt Ihnen auf, welches er als erstes Gebot bezeichnete? Bevor Sie anfangen, darüber nachzudenken, wie Sie mit Ihrem Nächsten ins Reine kommen können, führen die Zehn Gebote Sie zum Kern: Was ist mit Gott? Lieben Sie Gott zuerst? Halten Sie seine Gebote? Also, Gott zuerst.

Drittens, die Gebote richten sich alle an eine Einzelperson – du. Das Wort „du" steht in der Einzahl. Sie richten sich nicht an Gesellschaften, Gruppen von Menschen und Nationen. Sie richten

## VORWORT

sich an Sie, dort wo Sie auf Ihrem Platz sitzen, als wären Sie die einzige Person im Gebäude. „Du sollst nicht", bedeutet, dass jeder vor Gott nur für eine einzige Person verantwortlich ist – für ihn oder sie selbst. Gott behandelt uns als Individuen. Er sagt nicht: „England bricht meine Gesetze." Er sagt: „Du tust es."

In der heutigen Zeit glaubt man nur allzu leicht an das, was ich als das „kollektive Böse" bezeichnen würde. Nach dem Motto: „Ist das Land nicht in einem traurigen Zustand? Die Welt befindet sich in einem furchtbaren Chaos. Sind das nicht fürchterliche Menschen, die Bomben zünden?" Es ist so einfach, die anderen zu bezichtigen. Doch Gott spricht *dich* an, ganz allein. Ich werde nur *dich* zur Rechenschaft ziehen, ob du meinen Gesetzen gehorchst. Wir stehen allein vor Gott, um uns für die Einhaltung seiner Gesetze zu verantworten.

Viertens, die Zehn Gebote decken Taten, Worte und Gedanken ab. Sie betreffen nicht nur die Teile, die man sehen kann. Einem kleinen Jungen wird von seiner Mutter aufgetragen, sich vor dem Essen die Hände zu waschen. Als er zurückkommt, sagt sie: „Lass mal sehen, hast du sie gewaschen?"

„Ja."

„Dreh sie mal um. Zurück nach oben..."

Als Erwachsene benehmen wir uns wie kleine Kinder. Wir versuchen das, was man sehen kann, richtig hinzubekommen, doch was nicht sichtbar ist, stört uns nicht so sehr. Allerdings betreffen Gottes Gebote nicht nur äußere Handlungen wie Totschlag und Ehebruch, sondern auch Worte: „Du sollst kein falsches Zeugnis reden" und Gedanken: „Du sollst nicht begehren." Sie kümmern sich genauso um Ihren *inneren* Zustand wie um Ihren äußeren, was Sie tun, sagen und denken – um Ihre gesamte Persönlichkeit. Darum lehrte Jesus, dass Sie durch ein Wort töten und mit einem Gedanken Ehebruch begehen können. Wir sollen nicht nur fragen: „Habe ich dieses Gebot durch Taten gehalten?", sondern: „Habe ich es durch Worte und Gedanken befolgt?" Dann interpretieren Sie ein Gebot richtig.

Fünftens, die Gebote sind zwar zehn, doch sie sind tatsächlich ein großes Ganzes. Gemeinsam sind sie eine Einheit, wie eine makellose Perlenkette mit zehn Perlen göttlicher Weisheit. Sie sind eine Einheit, und daher macht die Bibel sehr deutlich: Wenn Sie irgendeines gebrochen haben, haben Sie das gesamte Gesetz

# DIE GEBRAUCHSANWEISUNG DES SCHÖPFERS

gebrochen (siehe Jakobus, Kapitel 2).

Wenn die Schnur einer Perlenkette meiner Frau an nur einer Stelle reißt, wissen Sie dann, was sie zu mir sagt? Sie sagt nicht: „Die Schnur ist an einer Stelle gerissen" sondern: „Ich habe meine Halskette kaputtgemacht." Verstehen Sie das? Denken Sie an eine Kette mit vielen Gliedern, die eine bestimmte Aufgabe hat: ein Auto oder ein Gewicht zu ziehen, zum Beispiel. Ist ein Glied hinüber, ist die Kette kaputt; das ganze Ding ist unbrauchbar. Es ist so wichtig zu erkennen, dass die Zehn Gebote ein Ganzes sind. Es gibt keine Regel wie: „Sechs von zehn, und Sie haben bestanden." Brechen Sie eines, und Sie haben alle gebrochen. Sie malen uns ein Bild von Gottes Willen für unser Leben vor Augen, und wenn Sie es an einem Punkt verletzen, haben Sie das gesamte Muster zerstört.

Sechstens, die Schnur, die alle diese zehn Perlen miteinander verbindet, kann mit einem Wort zusammengefasst werden: Respekt. Respektiere Gott: seine Position (keine anderen Götter neben ihm); respektiere seinen Charakter: kein Bild gleicht seiner Persönlichkeit. Achte seinen Namen und seinen Tag. Respektiere seine Stellvertreter: deine Mutter und deinen Vater.

Dann, im zweiten Teil: Respektiere das Leben deines Nächsten; achte seine Ehe, respektiere sein Eigentum, achte seinen Ruf. Respekt ist eine der seltensten Eigenschaften in unserer Gesellschaft; Satire und Komödie machen sich über alles und jeden lustig; eine Gesellschaft, die es genießt, Menschen auseinanderzunehmen und sie zum Objekt von Hohn und Spott zu machen. Gott verlangt von uns, ihn und einander zu respektieren.

Beachten Sie schließlich, dass Gott die Zehn Gebote an die Menschen adressiert, die gerettet worden sind. Er sagt: „Ich bin der HERR, dein Gott." Seine Worte bedeuten: Nur auf Grundlage dessen, was ich für dich getan habe, spreche ich auf diese Art zu dir; ich habe dich aus der Sklaverei in Ägypten befreit und deshalb habe ich das Recht zu sagen: Ich möchte, dass du auf diese Weise darauf reagierst; ich möchte, dass du jetzt so lebst; ich habe dir die Freiheit geschenkt, doch dies sind die Grenzen dieser Freiheit.

Gottes Wille gilt in erster Linie für die Menschen, die erlöst und gerettet worden sind. Ich glaube, diese Zehn Gebote sind für jene bestimmt, die aus der Sklaverei in Gottes Freiheit versetzt wurden. Ist Ihnen bewusst, dass jedes der Zehn Gebote die Todesstrafe

# VORWORT

trug? Ist Ihnen bewusst, dass Gott seine Gebote derart ernstnimmt? Ich hielt das früher für unfair. „Gott, das ist doch alles völlig unverhältnismäßig. Für die Verletzung eines dieser Gebote würdest du einen Mann zum Tode verurteilen?" Gottes Antwort lautete: Ja, weißt du auch warum? Weil mein Universum richtig sein soll, es soll perfekt sein. Und wenn du ein Gebot gebrochen hast, hast du mein Universum verdorben. Ich kann dir nicht erlauben, für immer darin zu leben. Du würdest es in alle Ewigkeit weiter ruinieren.

Es ist ein ernüchternder Gedanke, dass ich als Gesetzesbrecher vor Gott stehe, der die Todesstrafe verdient. Ich verdiene es nicht, für immer in Gottes Universum zu leben. Gott hat mir gesagt, das geht nicht, wenn ich seine Gesetze breche. Gibt es dafür keine Lösung? Doch, es gab einen Mann, nur einen, der vor 2000 Jahren lebte, und er hielt jedes der Zehn Gebote an jedem Tag seines Lebens, 33 Jahre lang. Dann nahm er die Todesstrafe an meiner Stelle auf sich – das ist Jesus.

Ohne Jesus zu kennen, würden mich die Zehn Gebote zu Tode ängstigen. Sie nicht auch? Den Menschen, die sie als erstes hörten, ging es genauso, und ihre Reaktion war: Mose, bring uns schnell hier weg. Du erzählst uns, was Gott sagt, doch Gott tritt uns zu nahe. So fühlten sie sich, doch als Jesus kam, war es anders. Warum? Weil er kam, um das Gesetz zu erfüllen, und er hatte eine neue Methode, das zu tun: Menschen nicht zu Tode zu ängstigen, sondern für sie zu sterben; ihnen eine solche Liebe zu schenken, dass sie die Gebote halten *wollten*.

Gott, wir danken dir, dass du es uns nach unserer Erschaffung nicht selbst überlassen hast, herauszufinden, wie man lebt. Vielmehr bist du mit uns in Kontakt geblieben und hast uns gesagt, was richtig und was falsch ist. Wir danken dir für die Sicherheit, die uns das als deine Kinder gibt. Herr, wir beten, dass wir ernsthaft darum bemüht sein mögen, das zu tun, was wir wissen, bevor wir dich um Wegweisung über die Dinge bitten, die wir nicht wissen. Wir lieben dich und wollen dir gehorchen. *Amen.*

# 1

# Keine anderen Götter

Während Paulus in Athen auf Silas und Timotheus wartete, wurde er zornig über die vielen Götterstatuen in der Stadt. Daraufhin sprach er in der Synagoge zu den Juden und den Griechen, die an den Gott Israels glaubten. Außerdem predigte er an jedem Tag auf dem Marktplatz zu den Menschen, die gerade vorbeikamen. Bei einer solchen Gelegenheit kam es zu einem Streitgespräch mit einigen Philosophen, und zwar mit Epikureern und Stoikern. Einige von ihnen meinten: „Dieser Mann ist doch ein Schwätzer!", andere sagten: „Er scheint von irgendwelchen fremden Göttern zu erzählen." Denn Paulus hatte von Jesus und seiner Auferstehung gesprochen. Weil die Philosophen mehr über die neue Lehre erfahren wollten, nahmen sie den Apostel mit zu einer Sitzung des Stadtrats von Athen. „Was wir von dir hören, ist alles neu und fremd für uns", erklärten sie Paulus. „Wir möchten gern Genaueres darüber wissen." Denn sowohl die Athener als auch die Fremden in dieser Stadt beschäftigten sich am liebsten damit, Neuigkeiten zu erfahren und weiterzuerzählen. Da stellte sich Paulus vor alle, die auf dem Areopag versammelt waren, und rief: „Athener! Mir ist aufgefallen, dass ihr euren Göttern mit großer Hingabe dient; denn als ich durch eure Stadt ging und mir eure Heiligtümer ansah, da habe ich sogar einen Altar gefunden, auf dem stand: ‚Für einen unbekannten Gott.' Diesen Gott, den ihr verehrt, ohne ihn zu kennen, möchte ich euch nun bekannt machen. Es ist der Gott, der die Welt und alles, was in ihr ist, geschaffen hat. Dieser Herr des Himmels und der Erde wohnt nicht in Tempeln, die Menschen gebaut haben. Er braucht auch nicht die Hilfe und

# DIE GEBRAUCHSANWEISUNG DES SCHÖPFERS

Unterstützung irgendeines Menschen; schließlich ist er es, der allen das Leben gibt und was zum Leben notwendig ist. Aus dem einen Menschen, den er geschaffen hat, ließ er die ganze Menschheit hervorgehen, damit sie die Erde bevölkert. Er hat auch bestimmt, wie lange jedes Volk bestehen und in welchen Grenzen es leben soll. Das alles hat er getan, weil er wollte, dass die Menschen ihn suchen. Sie sollen mit ihm in Berührung kommen und ihn finden können. Und wirklich, er ist jedem von uns ja so nahe! Durch ihn allein leben und handeln wir, ja, ihm verdanken wir alles, was wir sind. So wie es einige eurer Dichter gesagt haben: ‚Wir sind seine Kinder.' Weil wir nun von Gott abstammen, ist es doch unsinnig zu glauben, dass wir Gott in Statuen aus Gold, Silber oder behauenen Steinen darstellen könnten. Diese sind doch nur Gebilde unserer Kunst und unserer Vorstellungen. Bisher haben die Menschen das nicht erkannt, und Gott hatte Geduld mit ihnen. Aber jetzt befiehlt er allen Menschen auf der ganzen Welt, zu ihm umzukehren. Denn der Tag ist schon festgesetzt, an dem Gott alle Menschen richten wird; ja, er wird ein gerechtes Urteil sprechen, und zwar durch einen Mann, den er selbst dazu bestimmt hat. Er hat ihn darin bestätigt, indem er ihn von den Toten auferweckte." Als Paulus von der Auferstehung der Toten sprach, begannen einige zu spotten, andere aber meinten: „Darüber wollen wir später noch mehr von dir hören." Paulus verließ jetzt die Versammlung. Einige Leute schlossen sich ihm an und fanden zum Glauben. Darunter waren Dionysius, ein Mitglied des Stadtrats, eine Frau, die Damaris hieß, und manche andere."

*Apostelgeschichte 17,16-34*

Das erste Gebot lautet: „Ich bin Jahwe, dein Gott. Ich habe dich aus dem Sklavenhaus Ägyptens befreit. Du darfst keine anderen Götter haben neben mir!" (NeÜ) Jeder Mensch muss einen Gott haben – so wurden wir geschaffen. Jemand hat einmal gesagt: „Wenn es keinen Gott gäbe, müssten wir einen erfinden." Huxley erklärte, jeder Mann und jede Frau habe ein gottförmiges Loch in seiner/ihrer Seele, das sich leer und hohl anfühlen würde – und die menschliche Natur, wie die Natur an sich, verabscheue ein Vakuum und wolle es mit etwas oder jemandem füllen.

Jemand muss der Mittelpunkt Ihres Lebens sein. Jemand

## KEINE ANDEREN GÖTTER

oder etwas muss Ihre Zuneigung und Hingabe anziehen. Sie müssen Ihr Vertrauen in jemanden oder etwas setzen, damit Ihr Leben Bedeutung, Wert und Ziel erhält und Sie durchhalten. Die Tatsache, dass jeder einen Gott hat, macht das erste Gebot so notwendig. Diese Veranlagung macht die Menschen unter allen Geschöpfen dieser Erde einzigartig. Kein Tier hat jemals ein gottförmiges Loch in seiner Seele offenbart. Kein Tier ist jemals beim Beten beobachtet worden oder bei etwas, das als Beten interpretiert werden könnte. Es gibt keine Tiere, die jemals zusammengekommen sind, um eine irgendwie geartete Religion zu gründen. Tiere zeigen keinerlei Bewusstsein, dass sie ihr Leben auf einen Fixpunkt von Liebe und Anbetung ausrichten müssten.

Es ist das Bedürfnis jedes Menschen nach einem Gott, das es so wichtig macht, den *Richtigen* zu finden. Doch jemand könnte mir gegenüber einwenden: „Viele Menschen kommen heutzutage sehr gut ohne jeglichen Gott zurecht. Es gibt weniger Religion, weniger Menschen gehen zur Kirche, weniger sprechen über Gott, die meisten meiner Nachbarn scheinen ohne Gott gut klarzukommen." Doch lassen Sie sich nicht täuschen. Sie kommen *nicht* ohne einen Gott zurecht. Sie mögen weder in die Kirche gehen noch in der Bibel lesen und auch das Wort „Gott" niemals erwähnen, doch jeder einzelne von ihnen versucht verzweifelt, die gottförmige Leere in seiner Seele zu füllen.

Die wichtige Frage, die wir Menschen stellen müssen, lautet: Was ist der Name deines Gottes? Wenn Sie es schwierig finden, mit einem Atheisten oder irgendjemand anderem zu sprechen, lassen Sie diese Menschen den Namen ihres Gottes aufschreiben. Sollten sie Probleme haben, einen Namen zu nennen, fragen Sie sie: „Was ist das Letzte, das Sie verlieren möchten oder die letzte Person? Was erfährt Ihre größte Zuneigung? Schreiben Sie es auf, und dann haben Sie den Namen Ihres Gottes." Dass sie an *einen* Gott glauben, ist nicht entscheidend. Der Name des Gottes, an den Sie glauben, ist das Wichtigste.

Es gibt diese doppelte Beziehung zwischen Ihnen und Ihrem Gott, was oder wer auch immer er sein mag. Einerseits erwarten Sie von Ihrem Gott Hilfe, Wegweisung, Schutz, Bedeutung, Erfüllung und Befriedigung. Andererseits schauen Sie zu ihm auf, um ihm Ehre zu erweisen, um einen Fixpunkt für Ihre Bemühungen zu haben, für Ihre Zuneigung und Ihre Sehnsüchte. Sie alle brauchen

## DIE GEBRAUCHSANWEISUNG DES SCHÖPFERS

irgendein Ziel, und wir werden jetzt die Arten von Göttern betrachten, die Menschen verehren.

Sie können sie alle in nur zwei Gruppen einteilen: die übernatürlichen und die natürlichen Götter; die Dinge, an die man glaubt, die übernatürlich sind, und die Dinge, die sich innerhalb unserer materiellen Welt befinden. Jeder Mensch hat einen Gott, entweder in der einen oder in der anderen Kategorie. Wir glauben entweder an einen irgendwie gearteten übernatürlichen Gott oder an einen natürlichen, doch sie sind sich sehr ähnlich, wenn wir sie näher betrachten.

Zunächst einmal werde ich die übernatürlichen Götter erörtern. Für viele in meiner Generation ist es heute sehr schwierig, sich Menschen vorzustellen, die an mehr als einen Gott glauben. Jahrhunderte lang wurde uns von Kindheit an beigebracht, dass es nur einen Gott gebe. Wir haben es mit der Muttermilch aufgesogen, die Annahme, dass es nur einen Gott gibt, daher gingen Sie in Gesprächen über Gott davon aus, dass Ihre Gesprächspartner über denselben redeten wie Sie. Das ist Teil unseres Erbes. Die meisten von uns wuchsen in einem Land auf, in dem Monotheismus, der Glaube an *einen* Gott, die normale Glaubenshaltung darstellte. Atheismus bezeichnet natürlich einen Glauben, dass es *keinen* Gott gibt.

Die meisten von uns haben nicht in einem Land gelebt, in dem Polytheismus die Norm ist – der Glaube an viele *Götter*. Wie außergewöhnlich wäre es, auf der Hauptstraße Ihre Nachbarin Mrs. Braun zu treffen und sie zu fragen. „Wie geht es heute Ihrem Gott?", oder sogar: „Wer ist heute Ihr Gott?" Können Sie sich vorstellen, einen Gott zu haben, der sich um die Sonntage kümmert, einen weiteren, der für die Montage zuständig ist, und der nächste für die Dienstage? Ein Gott, der für Ihre Küche zuständig ist und alles, was dort geschieht, ein weiterer Gott, der sich um Ihre Kinder kümmert und was mit ihnen passiert, wieder ein anderer, der nach Ihrem Garten und den Pflanzen darin schaut und ein weiterer für Ihr Unternehmen. In unserer Welt ist das keine ungewöhnliche Situation. Viele Kulturen haben so viele Götter, dass es höchst verwirrend ist. Aus verschiedenen Gründen fangen wir wieder an zu begreifen, was Polytheismus ist. Historisch gesehen hat die Einwanderung das Spektrum an Religionen im Land verändert. Daher wohnen wahrscheinlich Menschen in Ihrer Nähe, die nicht

# KEINE ANDEREN GÖTTER

an Ihren Gott, sondern an einen anderen glauben. Manche glauben an einen Gott namens Allah, und diesen Namen haben Sie noch nie in Ihrer Gemeinde benutzt und werden es auch nie tun. Es ist der Name eines anderen Gottes. Manche Menschen sind Hindus, und wenn Sie einen Hindu nach dem Namen seines Gottes fragen, wird er Ihnen einen Namensliste geben, weil er an viele Götter glaubt. Diese Menschen, die an andere Götter glauben, sind Teil unserer Gesellschaft. Zu meinen Lebzeiten hat dies das Gesicht des Religionsunterrichts an den Schulen verändert. Welchen Gott werden Sie den Kindern näherbringen, wenn Sie Schüler in der Klasse haben, deren Eltern an Allah, Jahwe, den Gott und Vater unseres Herrn Jesus und noch viele andere glauben?

Im Vereinigten Königreich kehren wir zu einer polytheistischen Gesellschaft zurück. Einwanderung ist nicht der einzige Faktor, der zu diesem Wandel geführt hat. Die westliche Welt interessiert sich immer mehr für östliche Kulturen, Philosophie und Kunst. So bringen wir weitere Götter in dieses Land. Manche praktizieren Zen-Buddhismus. Andere lernen Yoga. Menschen erlernen diese Dinge, und wir kehren zu einer polytheistischen Gesellschaft zurück, in der man sagt: „Mein Gott ist der", „Dein Gott ist das" – und man verwendet unterschiedliche Namen für seine Götter. Das war die Situation, in der die Juden gelebt hatten. Sie waren Sklaven in Ägypten, und die Ägypter hatten viele verschiedene Götter. Sie hatten den Gott des Nils, der sich um den Fluss kümmerte, der ihnen Leben gab. Sie hatten einen Gott der heißen Sonne, die auf Ägypten hinunterbrannte. Sie hatten viele Götter, und viele Namen für diese Gottheiten.

In der antiken Welt hatte jedes Land mindestens einen eigenen Gott, und die meisten Nationen hatten viele. Wo immer Sie auch hinkamen, Menschen beteten Götter mit verschiedenen Namen an. Sie sprachen nicht über „Gott", sondern über den Namen ihres Gottes, und sie gaben ihm immer einen Namen. Wenn Sie in vielen Zeitepochen irgendjemanden gefragt hätten: „Glauben Sie an Gott?" Wäre die Antwort gewesen: „An welchen? Ja, ich glaube an diesen Gott, aber nicht an jenen." Vor diesem Hintergrund, den wir wieder zu sehen und zu verstehen beginnen, wo es eine große Auswahl gibt, sagt Gott: „Keinen anderen außer mir. Keine anderen Götter neben mir. Ich muss der einzige sein."

Wir müssen das in unserer Welt immer öfter sagen, in einer Welt,

## DIE GEBRAUCHSANWEISUNG DES SCHÖPFERS

die zusammenschrumpft, in der sich Menschen immer mehr für viele Religionen interessieren, in der das Interesse am Okkulten wächst, wo viele Religionen Einfluss ausüben – eine Welt, die des wissenschaftlichen Materialismus überdrüssig geworden ist und wieder zum Übernatürlichen zurückkehrt und zu allen Göttern der übernatürlichen Welt.

Können Sie jetzt erkennen, dass dieses Gebot eigentlich ein Segen ist? Es vereinfacht das Leben. Es gibt Ihnen ein Objekt der Anbetung statt vielen.

Man gab mir einmal einen Flyer im Süden Irlands, der auflistete, zu welchem Heiligen ich bei welchem spezifischen Problem beten sollte. 159 standen auf der Liste. Angefangen von Zahnschmerzen über Blinddarmentzündungen bis zu Eheproblemen, alles wurde mit dieser Liste von Heiligen abgedeckt. Was für eine komplizierte Sache, immer nachschauen zu müssen. „Welchen Namen nutze ich heute Morgen für dieses Problem?" Welch eine Verkomplizierung, zu vielen Personen beten zu müssen!

Das erste Gebot ist eine wunderbare Vereinfachung des Lebens. Es lehrt Sie, dass Sie sich nur um einen Gott kümmern müssen. Ist das nicht ein großartiger Fortschritt? Es ist ein befreiendes Gebot.

Es ist das Angebot eines einfachen Lebens. Wir lernen, dass er jedem Bedürfnis abhelfen kann – durch Schutz, Wegweisung, Erfüllung und Befriedigung. Sie brauchen nur einen einzigen Gott. Sie brauchen keinen anderen. Es ist ein Angebot im Sinne von: Du musst dir um all die verschiedenen Götter keine Sorgen machen, denk einfach an mich.

Wir haben dieses Kapitel aus folgendem Grund mit Apostelgeschichte 17 begonnen: Als Paulus Athen besuchte, sagte er: „Mir ist aufgefallen, dass ihr euren Göttern mit großer Hingabe dient." Überall, wo er sich bewegte, auf der Hauptstraße gab es Tempel, Altäre, Orte der Anbetung, Namen von Göttern auf jedem Altar, alle griechischen Götter zur Ansicht aufgereiht, und am Ende stand ein Altar mit der Aufschrift: „Für einen unbekannten Gott". Wissen Sie, warum sie den aufgestellt hatten? Einfach um sicherzugehen, dass sie keinen ausgelassen hatten.

Eines Tages erschütterte ein Erdbeben Athen, die Katastrophe brach herein, und die Bevölkerung sagte: „Einer der Götter muss zornig sein, doch wie finden wir heraus, welcher es ist?"

Der Priester sagte: „Lasst eine Schafherde auf der Hauptstraße

# KEINE ANDEREN GÖTTER

frei. Der Altar, bei dem sie sich niederlegen werden, ist der Altar des Gottes, der beleidigt ist, und dann müsst ihr ein Schaf auf diesem Altar opfern."
Die Schafe liefen also die Straße herunter. Und sie legten sich an keinem Altar nieder. Sehr weise liefen sie schnurstracks an ihnen allen vorbei und lagerten sich auf einem Feld ganz am Ende. Die Priester kamen alle zusammen und fragten: „Was sollen wir jetzt tun?" Dann sagte ein Priester: „Bestimmt wohnt ein Gott auf diesem Feld. Doch wir kennen seinen Namen nicht." Sie stellten also einen Altar auf, ich sage Ihnen die reine Wahrheit, so kam der Altar dorthin. Sie stellten ihn auf dem Feld am Stadtrand von Athen auf. „Für einen unbekannten Gott". „Wir dachten, wir hätten alle zufriedengestellt, doch es muss noch einen weiteren geben."

Paulus kam in diese Stadt und sagte: „Ich bin gekommen, um euch von einem Gott zu erzählen, dem einzigen, den ihr nicht kennt, der Gott, dessen Namen ihr nicht wisst – der da am Ende, ich werde über ihn sprechen. Er ist der einzige, den es gibt. Er hat alles geschaffen. Er lebt nicht nur auf einem bestimmten Feld. Er hat alles gemacht, was es gibt. Durch ihn allein leben und handeln wir, ihm verdanken wir alles, was wir sind. Ich bin gekommen um euch von dem einen Gott zu berichten."

Das ist eine befreiende Botschaft, wussten Sie das? *Keine anderen Götter* bedeutet Freiheit. Sie können sich nun von der Unsicherheit und den Ängsten verabschieden, wie viele Götter auf uns herunterblicken, wie viele wir zufriedenstellen müssen, wie viele Wesen es dort oben im Himmel gibt. Wir können aufschauen und sagen: „Der Herr ist unser Gott, der Herr ist einer", und das gibt Sicherheit. Es gab den Juden Sicherheit und es gibt den Christen Sicherheit, die an einen jüdischen Gott glauben. Unser Gott ist einer. Es ist das Angebot eines Gottes, sich um alles zu kümmern.

Gleichzeitig ist es die Forderung nach einer *exklusiven Beziehung*. Es bedeutet: „Ich werde erst Teil deines Lebens, wenn ich der einzige Gott in deinem Leben bin. Ich werde keine Rivalen in deinem Herzen dulden. Ich werde nicht erlauben, dass du zu einem anderen Tempel an der Straße trottest, nur um auf Nummer Sicher zu gehen. Deine Loyalität zu mir wird exklusiv sein. Das ist die Forderung, die meinem Angebot entspricht. Ich werde mich um jedes deiner Bedürfnisse kümmern, doch ich muss die Nummer 1 und der einzige Gott deiner Anbetung sein."

# DIE GEBRAUCHSANWEISUNG DES SCHÖPFERS

Das war das erste Gebot in einer polytheistischen Situation. Hielten die Juden dieses Gebot? Die traurige Antwort lautet: Nein – Sie können es im Alten Testament nachlesen. Sobald Sie sich mit Menschen vermischten, die an andere Götter glaubten, passierte etwas: Sie verliebten sich in diese Leute. Die jungen Männer Israels verliebten sich in junge Mädchen, die an einen anderen Gott glaubten. Es ist eines der größten Probleme unter dem Volk Gottes in der gesamten Geschichte. Was geschieht, wenn Sie sich in jemanden verlieben, der nicht an Ihren Gott glaubt? Diese Dynamik in der Geschichte Israels führte mehr als alles andere dazu, dass sie die Namen anderer Götter in ihre Religion aufnahmen. Wenn Sie die Geschichte von Elia lesen, erfahren Sie, wie er im Alleingang darum kämpfte, dass sie aufhörten, einen Gott mit Namen „Baal" anzubeten; und wie andere Propheten ganz allein dafür stritten, dass sie aufhörten, viele andere Götter der Völker in ihrer Nachbarschaft zu verehren.

Vielleicht meinen Sie, dass einige dieser Dinge mit Ihrem Leben nicht wirklich etwas zu tun hätten. Ich stelle mir auch nicht vor, dass die meisten Leser dieses Buches nun zum Tempel Baals losrennen werden. Die meisten von uns sind in einem Land aufgewachsen, in dem man trotz verschiedener Denominationen immer von derselben Person sprach, auch wenn es unterschiedliche Vorstellungen über diese Person gab. Die unterschiedlichen Denominationen behaupteten in ihren Gemeinden alle, über denselben Gott zu sprechen, und sie gebrauchten denselben Namen für diesen Gott.

Allerdings gibt es jetzt viele nichtchristliche Religionen (und ihre Anbetungsorte) sichtbar in unserer Nachbarschaft. Doch vielleicht glauben Sie, dass Sie wahrscheinlich nicht anderen Göttern hinterherrennen werden (auch wenn manche es tun). Sie mögen in der englischen Tradition großgeworden sein, nur an einen Gott zu glauben, und Sie finden es sehr schwierig, an mehr als einen zu denken. Bedeutet es, dass Ihnen Gottes erstes Gebot nichts zu sagen hätte? Ich wünschte, es wäre so, doch ich fürchte, es ist nicht der Fall. Betrachten wir nun, was viele Menschen heutzutage nutzen, um diese Leere, dieses „gottförmige Loch" in ihrer Seele zu füllen. Sie weihen sich natürlichen „Göttern", die sie sehen, berühren, anfassen und hören können – Dingen, die Gott geschaffen hat. Ich werde Ihnen von einigen erzählen.

Lassen Sie uns gemeinsam einen jungen Mann namens Ken

# KEINE ANDEREN GÖTTER

besuchen. Er kam vor ein paar Jahren zum Gespräch zu mir und sagte: „Fußball ist mein Gott." Sein Gott hatte einen Durchmesser von zirka 24 Zentimetern, war rund und aus Leder! Er gab es freimütig zu. Dieser kleine Lederball war der Fixpunkt seiner Zuneigung, Aufmerksamkeit und Sehnsucht, er vertraute ihm, dass er seinem Leben Erfüllung, Bedeutung und Sinn geben würde. Jede freie Minute, die er hatte, betete er diese Lederkugel an. Er verehrte sie und er räumte ihr Priorität ein. Sie war wichtiger als seine Beziehungen, seine Arbeit, wichtiger als alles andere. Gott musste Ken von seinem Fußball trennen, um ihn freizusetzen.

Begleiten Sie mich zu einem Gespräch mit einer liebenswerten alten Dame, Miss Clark. Miss Clark stand eines Abends in einer Gemeinde in Buckinghamshire auf, um ein Zeugnis zu geben, und sagte der Gemeinde: „Babys waren mein Gott." Was für eine außerordentliche Aussage! Sie erklärte: „Ich war eine Tagesmutter. Ich habe die kleinen Babys angebetet. Sie waren mein Leben. Ich konnte es nicht ertragen, von ihnen getrennt zu sein. Ich konnte mir ein Leben ohne Babys nicht vorstellen." Und Babys wurden zu ihrem Gott! Sie trennten sie von Gott. Gott musste Miss Clark ganz von den Babys trennen, um sie von diesem Gott zu befreien. Ist Ihnen das praktisch genug? Diese beiden Menschen füllten die gottesförmige Leere in ihrer Seele mit etwas anderem, das zu ihrem Gott wurde. Sie können diese Leere füllen, es zumindest versuchen, doch irgendwie passt es nie. Was auch immer Sie außer Gott dort hineinlegen, es passt nicht, doch wir versuchen es mit aller Gewalt.

Sie können Sport nehmen, Ihren Garten, Ihr Motorrad, und sich davor niederbeugen, ihm alle Ihre Anbetung schenken, darüber sprechen, dafür leben, es polieren, es auseinandernehmen und wieder zusammensetzen. Es kann zu Ihrem Gott werden, genauso wie Ihr Auto, wenn Sie ein bisschen zu alt für Motorräder sind. Ihr Haus kann zu Ihrem Gott werden, einfach der ideale Ort oder Palast, doch es wird Sie nicht befriedigen. Sie werden immer weiter tapezieren und dekorieren. Sie können Ihr Unternehmen zu Ihrem Gott machen. Ich kenne Männer, die den Unternehmensgott so sehr angebetet haben, dass sie nicht ohne ihn leben konnten. Was sie tun werden, wenn sie in Rente gehen, ich habe keine Ahnung. Sie haben alles auf dem Altar ihres Geschäfts geopfert, einschließlich ihrer Familien in manchen Fällen. Es ist sehr einfach, dieses gottförmige Loch zu füllen.

# DIE GEBRAUCHSANWEISUNG DES SCHÖPFERS

Sie können es sogar mit der Gemeinde füllen und derart für die Gemeinde leben, dass Gott in gewisser Weise bei Ihnen keine Chance mehr bekommt. Das sind nun moderne „Götter", etwas, was uns vertrauter sein dürfte. Handelt es sich nicht um eine Sache, können Sie auch eine Person nehmen. Der Personenkult ist ein Phänomen unserer heutigen Massenmedien. Warum werden Popstars mehr angebetet und lösen emotionalere Reaktionen aus? Menschen, die nicht zur nächsten Gemeinde in ihrer Straße gehen und zehn Minuten auf einen Gottesdienst warten würden, sind bereit, früh aufzustehen und Stunden darauf zu warten, dass ein „Star" am Flughafen landet – warum? Oft werden Popstars, Disc-Jockeys und Politiker „angebetet" – jede Person, die die Menschen auf ein Podest stellen und zu der sie aufschauen können. Gott sagt: „Keine andere Götter neben mir." Manche Eltern beten ihre Kinder an. Andere bemerken es und sagen: „Diese Mutter betet wirklich ihr Kind an." Haben Sie das schonmal gehört? Oder vielleicht haben Sie eine Freundin oder einen Freund, und diese Person hat Gott ersetzt, was Ihre Zuneigung angeht, und ist zur Nummer 1 geworden; und Sie opfern Gott für sie. Sie können Ihren Ehemann oder Ihre Ehefrau zu Ihrem Gott machen.

Sie versuchen, die Leere zu füllen, es gelingt Ihnen nicht wirklich und irgendwie sind Sie unzufrieden – doch Gott erhält keine Chance. Das erste Gebot lautet: „Keine anderen Götter neben mir." Er muss das erste und einzige Objekt der Anbetung in Ihrem Leben sein. Es ist ein sehr relevantes Gebot, das unserer Zeit und unserer Generation viel zu sagen hat. Was wir sagen, ist Folgendes: Gott kann für Sie nie real werden, wenn er nicht der Mittelpunkt Ihres Lebens ist. Ich begegne vielen Menschen, die mir sagen: „Gott ist nicht real. Ich erreiche ihn einfach nicht. Ich kann nicht spüren, dass er da ist." Einer der Gründe (nicht der einzige, aber einer) kann sein, dass diese Person sich Gott nicht im Zentrum, sondern nur am Rande ihres Lebens wünscht. Sie will ihn nur als Ergänzung zu allem anderen, als verfügbares Extra, wenn sie ihn braucht. Doch Gottes Gebote sagen uns: Wenn ich nicht der Herr über alles sein kann, werde ich überhaupt kein Herr sein. Wenn ich nicht im Zentrum stehe, werde ich nicht auf der Einzäunung sitzen. Bin ich nicht der erste in deinem Leben, so werde ich nicht der zweite oder dritte sein. Du wirst keine anderen Götter neben mir

## KEINE ANDEREN GÖTTER

haben. Daran mag es liegen, dass Menschen es schwierig finden, zu Gott durchzudringen. Sie wollen keine Nummer 1 in ihrem Leben. Es gibt bereits eine Nummer 1 auf dem Thron. Nummer 2 oder Nummer 3 wäre für sie in Ordnung, aber Nummer 1 nicht. Jetzt sind wir auf eine wichtige Frage gestoßen: Warum sollte ich Gott zur Nummer 1 in meinem Leben machen? Können Sie mir einen guten Grund nennen, warum ich seinem Gebot: „Du sollst keine anderen Götter haben neben mir" gehorchen sollte? Habe ich nicht die Freiheit, meinen eigenen Gott zu wählen? Warum sollte ich Gott, diesen Gott, der die Zehn Gebote erließ, bitten, die Nummer 1 in meinem Leben zu sein? Warum sollte ich, ein moderner Europäer, an den Gott des Alten Testaments glauben? Ich werde Ihnen zwei Gründe nennen, die Gott den Juden nannte und die immer noch Gültigkeit haben: *Realität* und *Freiheit*. Lassen Sie mich diese Begriffe in einfache Worte übersetzten. Erstens, Realität: Er ist der einzige Gott, der wirklich existiert, und deshalb sollten Sie keine anderen haben. Andere Götter zu haben, bedeutet, ihr Leben einer Illusion hinzugeben, in Wolkenkuckucksheim zu leben. „Hör mal", sagte er, „ich bin Jahwe, dein Gott." Wissen Sie, was das Wort *Jahwe* bedeutet? Es bedeutet *Ich bin*. Mit anderen Worten, Gott begann die Auflistung der Zehn Gebote mit der Aussage: „Ich bin, ich bin." Das ist Gottes Name.

Mose, der die Zehn Gebote empfing, sagte zu Gott: „Was soll ich dem Volk sagen, wer hat gesprochen? Wie lautet dein Name?"

Gott sagte: „*Ich bin* hat euch gerufen."

Wussten Sie, dass es keinen anderen Gott in der Geschichte gibt, der „Ich bin" genannt wird? Weil er der einzige ist, den es gibt. Alle anderen existieren nicht. Darum hat niemand je daran gedacht, einen anderen Gott „Ich bin" zu nennen – weil er der einzige ist, auf den das zutrifft. Sie können alle religiösen Begrifflichkeiten durchsuchen und alle bekannten Religionen der Welt unter die Lupe nehmen, Sie werden nie einen Gott finden, der „Ich bin" genannt wird, außer dem Gott der Juden.

„Ich bin" – jeder andere Gott ist ein Hirngespinst. Alle Götter der antiken Welt waren reine Phantastereien. Sie waren Ausgeburten der Fantasie. Sie existieren nicht wirklich. Ich habe in einem muslimischen Land gelebt, doch ich weiß, dass Allah nicht existiert. Es gibt viele aufrichtige und fromme Muslime, die sich viele Male täglich vor einem Gott verbeugen, der nicht existiert.

## DIE GEBRAUCHSANWEISUNG DES SCHÖPFERS

Es ist tragisch, doch er ist nicht „Ich bin". Es gibt ihn nicht. Wenn Sie alle übernatürlichen Götter studieren, an die Menschen jemals geglaubt haben, dann betrachten Sie die geniale Vorstellungskraft des Menschen, doch Sie untersuchen Fantasiegebilde, keine Fakten. Sie existieren nicht, und daher dürfen Sie sie nicht Gott vorziehen. Wie aufrichtig Sie auch sein mögen, wie gewinnbringend Ihnen Ihre Meditation auch erscheinen mag, es hört Ihnen kein Gott zu. Sie hören nur sich selbst zu.

Jetzt könnte man sagen: „In Ordnung, die übernatürlichen Götter gibt es nicht, doch mein Motorrad existiert sehr wohl. Meine Kinder sind da, ebenso wie mein Haus und mein Garten. Das ist real genug." Wirklich? Sie können über Ihr Motorrad, Ihr Auto, Ihre Firma, Ihr Haus oder was auch immer nicht sagen: „Ich werde es ‚Ich bin' nennen." Denn der Tag wird schnell kommen, an dem Sie sagen müssen: „Es war." Dieses wunderschöne neue Auto, das sie gekauft haben, wird in ein paar Jahrzehnten ein rostiger Schrotthaufen sein. Ist die Person, die nach Ihnen in Ihrem Haus wohnt, kein Gärtner, wird sie sehr bald eine wunderschöne Löwenzahnernte einfahren können. Dieser Freund oder diese Freundin werden nicht für immer bei Ihnen bleiben – selbst wenn Sie diese Person heiraten, werden Sie sagen: „Bis dass der Tod uns scheidet." Das ist keine endgültige Realität. Alle diese anderen Götter sind einfach nicht real, nicht real genug, um Gott zu sein. Tatsächlich werden Sie all die anderen „Götter", wenn sie real, greifbar und materiell sind, wahrscheinlich überdauern. Irgendwann werden Sie ohne sie zurückbleiben.

Es ist mir egal, was Sie anbeten, wem oder was Sie Ihre Zeit widmen, was für Sie das Leben ausmacht, doch eines Tages werden Sie ohne diese Sache oder Person dastehen. Wie können Sie es einen guten Gott, einen realen Gott nennen, wenn Sie ohne es weiterleben müssen?

Das ist also der erste Grund: „Ich bin Jahwe", „Ich bin, ich bin" – dein Gott. Ich bin real, ich existiere. Darum solltest du keine anderen Götter haben – weil es keine anderen gibt.

Der zweite Grund, den Gott den Israeliten gibt, lautet: „Ich bin Jahwe. Ich bin dein Gott. Ich habe dich aus der Sklaverei in Ägypten befreit."

Er ist nicht nur der einzige Gott, der existiert, *er ist der einzige Gott, der rettet und befreit*. Jeder andere Gott wird Sie

## KEINE ANDEREN GÖTTER

versklaven. Es gab eine Zeit, da diese Juden jeden Tag angekettet und ausgepeitscht wurden, sie wurden gezwungen, Ziegel ohne Stroh herzustellen, schwere Lehmziegel, die sie kaum anheben konnten, und ihr Leben war erbärmlich, während ihre Kinder im Nil den Krokodilen zum Fraß vorgeworfen wurden. So sah ihr Leben aus, doch Gott befreite sie. Gott sagte: Jetzt keine anderen Götter mehr. Ich habe euch befreit. Kehrt nicht wieder zurück in die Sklaverei. Lasst euch nicht wieder von etwas anderem oder jemand anderem festhalten. Mein Wille ist, dass Ihr frei seid. Das ist der eigentliche Grund, warum Gott uns dieses Gebot gibt – *dass wir frei sein sollen*.

Kehren wir zu meinem Freund Ken zurück. Er spielt heute wieder Fußball. Er ist Baptistenpastor und trainiert in seiner Freizeit in einer Fußballmannschaft. Doch er wird Ihnen sagen: „Ich kann Fußball jetzt genießen, ohne davon versklavt zu werden." Kehren wir zu Miss Clark zurück. Nach mehreren Jahren ohne Kontakt zu irgendeinem Baby führte der Herr sie zu einer Arbeitsstelle als Leiterin eines Waisenhauses der Heilsarmee. Dort hatte sie mehr Babys als je zuvor, um die sie sich kümmern musste. Doch Miss Clark erklärte, sie könnte sie jetzt genießen, ohne sie zu ihrem Gott zu machen. Sie war frei, wirklich frei. Was ist Ihr Gott? Wie lautet der Name Ihres Gottes? Ich sage Ihnen, wenn es nicht Jahwe ist, dann werden Sie zum Sklaven einer Person oder Sache. Ihr Leben ist so an dieses etwas oder diesen jemand gebunden, dass Sie nicht frei werden können. Sie haben nicht einmal die Freiheit, diesen „Gott" zu genießen, weil Sie versklavt werden. Gott hat diese Gebote nicht erlassen, um uns den Spaß zu verderben und unser Leben eng und unglücklich zu machen. Er hat diese Gebote aufgestellt, damit wir frei sein können, und in seinem Dienst gibt es vollkommene Freiheit.

Sind diese beiden Gründe gut genug für Sie – dass Jahwe, „Ich bin", der einzig wahre Gott ist und dass er der Gott ist, der Sie befreit? Die Götter der Antike und die modernen Götter, die Menschen anbeten, unterscheiden sich nicht besonders voneinander. Studieren Sie diese Götter und Sie stoßen auf Bacchus, den Gott des Weines. Auch heute noch finden Sie Menschen, die vom Wein versklavt sind. Sie finden die Göttin der Liebe und Menschen, die vom Sex versklavt sind. Sie entdecken diesen und jenen Gott und stellen fest, dass alle antiken falschen

## DIE GEBRAUCHSANWEISUNG DES SCHÖPFERS

Götter auch heute noch angebetet werden, wenn auch nicht unbedingt unter denselben Namen. Gott sagt: Ich bin gekommen, um euch von all dem zu befreien, um euch herauszuführen und euch Leben zu schenken.

Wenn Sie mich fragen, wie der Namen meines Gottes lautet, werde ich Ihnen sagen: Jahwe – derselbe Gott, doch ich haben noch einen anderen Namen für ihn. Der Name meines Gottes lautet *Vater*. Wie bin ich dazu gekommen, diesen Namen für meinen Gott zu gebrauchen? Die Antwort lautet: Eines Tages wurde ein Jude geboren, der sein Sohn war, und zum ersten Mal gab es einen Menschen auf der Erde, der alle Zehn Gebote perfekt einhielt und mit keinem anderen Gott etwas zu tun haben wollte.

Das Ergebnis war, dass er der Mann mit der größten Freiheit war, der je gelebt hat. Dieser freie Mann genoss, was Gott gemacht hatte, wurde jedoch dadurch nicht versklavt. Dieser freie Mann, der Gottes Sohn war, nannte Gott *Vater* und er lehrte: Du kannst ihn auch so nennen, wenn du mich liebst. Das ist Freiheit. Das Gesetz kam durch Mose, doch Gnade und Wahrheit kamen durch Jesus Christus – und es ist die Wahrheit, die Sie freimacht.

Was ist der Name Ihres Gottes? Meiner heißt *Vater* – der Vater Jesu, und meiner ebenfalls. Was für ein Gott!

# 2

# Keine Götzenbilder

Nachdem der HERR dies alles zu Mose gesagt hatte, übergab er ihm auf dem Berg Sinai die beiden Steintafeln, auf denen die Gesetze des Bundes festgehalten waren. Gott selbst hatte die Worte auf diese Tafeln geschrieben. Als Mose so lange Zeit nicht vom Berg herabkam, versammelten sich die Israeliten bei Aaron und forderten ihn auf: „Los, mach uns Götterfiguren! Sie sollen uns voranziehen und den Weg zeigen. Wer weiß, was diesem Mose zugestoßen ist, der uns aus Ägypten herausgeführt hat!"

Aaron schlug vor: „Eure Frauen und Kinder sollen ihre goldenen Ohrringe abziehen und zu mir bringen!" Da nahmen alle Israeliten ihre Ohrringe ab und brachten sie Aaron. Er nahm den Schmuck entgegen, schmolz ihn ein und goss daraus ein goldenes Kalb. Anschließend gab er ihm mit dem Meißel die endgültige Form.

Als es fertig war, schrien die Israeliten: „Das ist unser Gott, der uns aus Ägypten befreit hat!" Daraufhin errichtete Aaron einen Altar vor der Götterfigur und ließ bekannt geben: „Morgen feiern wir ein Fest zu Ehren des HERRN!" Am nächsten Morgen standen alle früh auf und brachten Brand- und Friedensopfer dar. Danach ließen sie sich nieder, um zu essen und zu trinken. Sie feierten ein rauschendes, ausschweifendes Fest.

Da sprach der HERR zu Mose: „Steig schnell hinab, denn dein Volk, das du aus Ägypten herausgeführt hast, hat große Schuld auf sich geladen! Wie schnell haben sie sich von meinen Geboten abgewandt! Sie haben sich ein goldenes Kalb gegossen, sie sind vor ihm niedergefallen, haben ihm Opfer dargebracht und gerufen: ‚Das ist unser Gott, der uns aus Ägypten befreit hat!' Ich kenne dieses Volk genau und weiß, wie stur es ist. Versuch mich jetzt nicht aufzuhalten, denn ich will meinem Zorn freien

# DIE GEBRAUCHSANWEISUNG DES SCHÖPFERS

Lauf lassen und sie vernichten! An ihrer Stelle werde ich deine Nachkommen zu einem großen Volk machen."

Doch Mose flehte: „HERR, mein Gott, du hast dein Volk aus Ägypten befreit und dabei deine ganze Macht gezeigt! Warum willst du es jetzt im Zorn vernichten? Sollen die Ägypter etwa sagen: ‚Ihr Gott hat die Israeliten nur aus unserem Land geholt, um sie in den Bergen zu töten und vom Erdboden verschwinden zu lassen'? Sei nicht länger zornig über dein Volk! Lass das Unheil nicht über sie hereinbrechen! Denk daran, dass du deinen Dienern Abraham, Isaak und Jakob bei deinem Namen geschworen hast: ‚Ich lasse eure Nachkommen so zahlreich werden wie die Sterne am Himmel. Sie werden das Land, das ich euch versprochen habe, für immer in Besitz nehmen!'"

Da lenkte der HERR ein und ließ das angedrohte Unheil nicht über sie hereinbrechen. Mose wandte sich um und stieg vom Berg herab. In seinen Händen hielt er die beiden Steintafeln mit den Gesetzen, die Gott dem Volk beim Bundesschluss gegeben hatte. Sie waren auf beiden Seiten beschrieben. Gott selbst hatte die Tafeln gemacht und die Schrift eingemeißelt. Als Josua das Volk lärmen hörte, sagte er zu Mose: „Unten im Lager muss ein Kampf ausgebrochen sein!"

Mose erwiderte: „Das klingt weder wie Siegesgeschrei noch wie die Klage nach einer Niederlage; nein, es ist ein lautes Singen!" Als Mose sich dem Lager näherte, sah er das Volk um das Goldene Kalb tanzen. Da packte ihn der Zorn, er schleuderte die Tafeln fort und zerschmetterte sie am Fuß des Berges. Das Goldene Kalb, das die Israeliten gemacht hatten, schmolz er ein und zerrieb es zu Staub; den Staub streute er ins Wasser und gab es den Israeliten zu trinken. Dann stellte er Aaron zur Rede: „Was hat dir dieses Volk getan, dass du sie zu einer so großen Sünde verführt hast?"

Aaron verteidigte sich: „Sei nicht zornig, mein Herr, du weißt doch selbst, dass dieses Volk immer auf Böses aus ist! Sie forderten mich auf: ‚Los, mach uns Götterfiguren! Sie sollen uns voranziehen und den Weg zeigen. Wer weiß, was diesem Mose zugestoßen ist, der uns aus Ägypten herausgeführt hat!' Ich fragte sie: ‚Wer hat Gold?' Da haben sie ihren Schmuck abgenommen und ihn mir gegeben. Ich habe das Gold eingeschmolzen, und dabei ist dann dieses Kalb entstanden."

## KEINE GÖTZENBILDER

Mose sah, dass die Israeliten jede Beherrschung verloren hatten, denn Aaron ließ sie tun, was sie wollten. Nun hatten Israels Feinde Grund zum Spott. Mose stellte sich an den Eingang des Lagers und rief: „Wer auf der Seite des HERRN steht, soll herkommen!"
Da versammelten sich alle Leviten bei ihm. Er sagte zu ihnen: „Der HERR, der Gott Israels, befiehlt euch: ‚Legt eure Schwerter an und geht durch das ganze Lager, von einem Ende zum anderen. Jeder soll seinen Bruder, seinen Freund oder Verwandten töten!'" Die Leviten gehorchten, und an diesem Tag starben etwa 3000 Männer.

Mose sagte zu den Leviten: „Heute seid ihr für den Dienst des HERRN geweiht worden, denn ihr wart sogar bereit, euch gegen eure eigenen Söhne und Brüder zu stellen. Darum wird der Herr euch segnen!"

Am nächsten Tag sprach Mose zu den Israeliten: „Ihr habt große Schuld auf euch geladen. Doch ich will noch einmal zum HERRN auf den Berg steigen; vielleicht kann ich erreichen, dass er euch vergibt."

Mose ging zum HERRN zurück und sagte: „Ach, dieses Volk hat eine schwere Sünde begangen! Einen Gott aus Gold haben sie sich gemacht! Bitte, vergib ihnen! Wenn du ihnen aber nicht vergeben willst, dann streich auch mich aus deinem Buch, in dem du die Namen der Menschen aufgeschrieben hast, die zu dir gehören."

Der HERR erwiderte: „Ich streiche nur den aus meinem Buch, der gegen mich sündigt. Und nun geh wieder! Führe das Volk in das Land, von dem ich gesprochen habe! Mein Engel wird vor dir hergehen. Aber ich werde die Israeliten für ihre Schuld zur Rechenschaft ziehen, wenn die Zeit dazu gekommen ist." Der HERR ließ Unheil über die Israeliten hereinbrechen, denn sie hatten Aaron dazu gebracht, das Goldene Kalb anzufertigen.

*2. Mose 31,18-32,35*

Wir kommen zum zweiten Gebot:

„Du sollst dir kein Bildnis noch irgendein Gleichnis machen, weder von dem, was oben im Himmel, noch von dem, was

## DIE GEBRAUCHSANWEISUNG DES SCHÖPFERS

unten auf Erden, noch von dem, was im Wasser unter der Erde ist: Bete sie nicht an und diene ihnen nicht! Denn ich, der HERR, dein Gott, bin ein eifernder Gott, der die Missetat der Väter heimsucht bis ins dritte und vierte Glied an den Kindern derer, die mich hassen, aber Barmherzigkeit erweist an vielen Tausenden, die mich lieben und meine Gebote halten."

Viele Menschen finden tiefen Trost im zweiten Gebot. Es ist eines der Wenigen, mit denen sie keine Schwierigkeiten haben. Ich erzähle hin und wieder die Geschichte von zwei Cowboys, die eines Sonntagabends über die Prärie zur Gemeinde ritten. Als sie so über die Prärie ritten, sangen und pfiffen sie; sie waren sehr fröhlich. Schließlich erreichten sie die kleine Blechhütte, wo der Gottesdienst stattfand, und der Prediger behandelte in seiner Predigt die Zehn Gebote. Auf dem Nachhauseweg waren die beiden Cowboys sehr kleinlaut, bis schließlich einer von ihnen sagte: „So wie es aussieht, habe ich noch nie irgendwelche Götzenbilder gemacht."

Der andere erklärte: „Ich auch nicht."

Dann fingen sie wieder an zu singen und zu pfeifen. Als sie ihr Zuhause erreichten, waren sie wieder so fröhlich wie zuvor.

Vielleicht haben Sie den Eindruck, dass Ihnen diese Lehreinheit nicht sehr viel bringen wird. Gedulden Sie sich noch etwas! Sie können keines der Zehn Gebote aus der Perspektive des Herrn Jesus lesen, ohne das Gefühl zu haben, dass sie wie ein scharfes Messer tief einschneiden, doch sie schneiden sauber und schnell, wie das Messer eines Chirurgen in der Hand Jesu.

Es ist mir nie in den Sinn gekommen, einen Klotz aus Holz, Stein oder Metall zu nehmen, ihn zu bearbeiten und ihn dann im Wohnzimmer oder im Garten aufzustellen, vor ihm auf die Knie zu gehen und ihn zu küssen. Diese Versuchung ist mir fremd. Es entspricht nicht meinen Werten. Ich habe noch nie daran gedacht, so etwas zu tun, daher hatte ich auch nie damit zu kämpfen.

Im England des 17. Jahrhunderts wurde dieses Gebot allerdings sehr ernst genommen. Das Verbot, sich ein Bildnis von irgendetwas auf der Erde oder Himmel oder im Meer zu machen, wurde so wörtlich genommen, dass viele Christen glaubten, Kunst sei verboten und dass man Dinge wie Statuen oder sogar Gemälde an den Wänden seines Zuhauses nicht haben sollte. Wegen

# KEINE GÖTZENBILDER

dieses Gebots waren manche Häuser der Puritaner schlicht und schmucklos. Ich bin der aufrichtigen Überzeugung, dass sie das Gebots falsch interpretierten, doch es hat seine Spuren hinterlassen.

Im Großen und Ganzen zeigen bibelgläubige Christen die Neigung, die gestaltende Kunst zu ignorieren. Das ist eine Tragödie, weil sie dadurch diese Ausdrucksform Menschen überlassen haben, die nicht wissen, wie man sie zur Ehre Gottes einsetzt. Doch Gott ist sowohl an Schönheit als auch an Wahrheit und Güte interessiert. Da er der Schöpfer ist und uns nach seinem eigenen Bilde gemacht hat, will er, dass wir kreative Menschen sind, die Dinge in Schönheit und Formvollendung schaffen, in Farben und mit Musik, Dinge, die sowohl ihn als auch uns erfreuen.

Ich glaube nicht, dass dieses Gebot die zwei- oder dreidimensionale Darstellung von Dingen verbietet, die Gott auf der Erde erschaffen hat. Der Grund, warum ich glaube, dass sich dieses Gebot nicht auf die kulturelle Aktivität der Kunst bezieht, ist folgender: Als Gott selbst dem Menschen den Bauplan für seine Stiftshütte und später den Tempel gab, schloss er darin Stickarbeiten, Bildhauerei sowie Holzschnitzerei und weitere plastische Kunstformen mit ein. Dass Gott an Kunst interessiert ist, steht daher völlig außer Zweifel.

Worum geht es nun aber bei diesem Gebot? Es dreht sich hauptsächlich um unsere Anbetung. Das erste Gebot betrifft die Frage, *wen* wir anbeten: „Du sollst keine anderen Götter haben neben mir." Das zweite betrifft die Frage, *wie* wir anbeten: „Du sollst dir kein Bildnis machen..." Die Schlüsselstelle lautet: „Bete sie nicht an und diene ihnen nicht!" Sie müssen dieses Gebot in seiner Gesamtheit betrachten. Es geht nicht nur darum, ein Bild zu machen, sondern es auch als Objekt der Anbetung zu nutzen."

Es gibt drei Arten von Bildnissen, die ich behandeln werde. Es gibt *materielle* Bilder, die am bekanntesten sind und uns sofort in den Sinn kommen, wenn wir dies lesen. *Mentale* Bilder zählen ebenfalls, weil Jesus uns gelehrt hat, dass wir ein Gebot in unseren Gedanken genauso brechen können wie mit dem Körper. Und es gibt *moralische* Bilder.

Doch zunächst, warum wollen Menschen überhaupt Bildnisse? Warum gibt es diesen Wunsch, ein Götzenbild herzustellen und unsere Anbetung darauf zu lenken? Die Antwort ist sehr einfach: Wir neigen dazu, in Bildern zu denken statt in Worten – das ist das Grundproblem. Es betrifft uns so sehr, dass wir, nachdem wir eine

# DIE GEBRAUCHSANWEISUNG DES SCHÖPFERS

Sache verstanden haben, sagen: „Jetzt sehe ich klarer." Ist Ihnen das schon aufgefallen? Es liegt daran, dass wir in Bildern denken, und Gott hat uns die großartige Gabe der Vorstellungskraft gegeben. Wir danken ihm für dieses göttliche Geschenk. Ein Kirchengebäude kann beispielsweise zunächst in der Vorstellung eines Mannes entstehen. Vielleicht baut er ein Modell, bevor er es in Beton, Holz und Metall baut. Vorstellung! Wir denken in Bildern.

Jetzt kommen wir zum Problem: Wenn wir nur Worte über etwas gehört haben, finden wir es sehr schwer verständlich, bis wir ein Bild davon gesehen haben. Pädagogen verstehen das, daher verwendet man beim Unterrichten Anschauungsbeispiele. Anschauungsbeispiele werden in diesem Zeitalter von Film und Fernsehen immer mehr benötigt, da wir mehr sehen als dass wir hören. Heute lernen wir wohl mehr durch das „Tor" unserer Augen als durch das „Tor" der Ohren, daher wollen wir uns ein Bild vorstellen. Unser Problem ist dieses kleine Wort mit vier Buchstaben: „Gott" – es ist ein *Wort*. Welches Bild haben Sie im Kopf, wenn Sie dieses Wort lesen? Erkennen Sie das Problem? Wie stellen Sie sich „Gott" vor? Als einen sehr alten Mann, der mit einem langen Bart auf einer Wolke sitzt? So stellen sich viele Kinder Gott vor. Wie stellen *Sie* sich ihn vor? Wie ist er für Sie? Welche Art von Bildern steigen in Ihrem Kopf auf, wenn jemand „Gott" sagt? Oder wenn Sie über ihn lesen? Haben Sie überhaupt ein Bild oder ist es nur ein Wort, das Ihnen in den Kopf kommt?

Das Problem ist, dass es als Wort nicht so real für Sie ist wie ein Bild, das Sie in Ihrem Kopf „sehen" könnten. Doch niemand hat Gott je gesehen. Das Johannesevangelium geht so weit, mit den Worten Jesu zu sagen: „Niemand hat Gottes Gestalt je gesehen." Eine Bibelübersetzung verwendet das Wort „Form", doch im Griechischen steht das Wort „Gestalt". Welche „Gestalt" hat Gott also? Ich weiß es nicht, und das ist das Problem. Wie kann ich an ihn denken? Wie kann ich ihn mir vorstellen? Ich brauche ein Bild; ich brauche irgendeine Sehhilfe. Ich kann Gott nicht sehen, möchte es aber. Zu allen Zeiten haben Menschen danach verlangt, Gott zu sehen.

Mose selbst sagte: „Gott, lass mich nur einmal dein Gesicht sehen."
Gott sagte: „Nein, du kannst ein wenig von meiner Herrlichkeit sehen, die ich im Schlepptau habe, doch du kannst mich nicht sehen."
Kein Mensch hat Gott je gesehen. Wir wissen nicht, welche Gestalt er hat. Wir wissen nicht, wie er aussieht. Es ist so schwierig,

## KEINE GÖTZENBILDER

einen Gott anzubeten, den Sie sich nicht vorstellen können, einen Gott, von dem Sie kein Bild haben, und daher haben sich Menschen Götzenbilder gemacht.

Wir denken dabei nicht nur an Bilder von heidnischen Göttern, sondern auch an Bilder des Gottes, den wir anbeten. Das erste Gebot betrifft andere Götter, doch das zweite betrifft auch jene, die an den einen wahren Gott glauben, ihn sich nicht ausmalen können, es aber gerne tun würden. Manche Menschen geben einfach auf und sagen: „Es ist hoffnungslos. Ich kann mir ihn nicht vorstellen, daher kann ich ihn einfach nicht verstehen." Manche sagen jedoch: „Sehen heißt glauben." Doch das trifft keinesfalls zu. Wenn Sie ihn sehen können, müssen Sie nicht glauben; *nicht* zu sehen heißt glauben, doch das ist wirklich ein Problem. Wie glaubt man jemandem, den man noch nie gesehen hat und den man sich nicht vorstellen kann? Daher machen Menschen sich Bildnisse.

Das Grundprinzip jedes Götzenbildes ist: Wenn Sie etwas abbilden wollen, orientieren Sie sich dabei immer an etwas, was Sie bereits gesehen haben und wiedererkennen. Sie gehen immer vom Bekannten zum Unbekannten. Beschreiben Sie jemandem Zucker, der noch nie Zucker gesehen hat, jedoch Salz kennt, dann beginnen Sie mit einem Bild von dem, was diese Person kennt und sagen: „Zucker sieht so ähnlich aus wie Salz." Sie beginnen mit etwas Bekanntem. Wenn Sie also ein Bild Gottes herstellen, beginnen Sie wahrscheinlich mit etwas, was Sie bereits gesehen haben, d.h. sie fangen mit etwas an, das auf der Erde ist, im Himmel oder im Meer: Das ist alles, was Sie kennen.

Daher müssen Sie, wenn Sie ein Bildnis Gottes fabrizieren wollen, mit etwas beginnen, was er gemacht hat, und das betrifft jedes Götzenbild, das jemals entstanden ist. Sie würden nicht einen formlosen Steinklotz herstellen und sagen: „So sieht Gott aus." Zur Zeit Mose fingen sie daher mit dem goldenen Kalb an. Sie kannten ein Kalb: ein junges Kalb war das Symbol der Manneskraft. Dasselbe Prinzip steht hinter den Stierkämpfen in Spanien. Der junge Bulle: die Herausforderung, das männliche Tier, voller Leben und Potenz und Kraft – der Bulle. Sie dachten wahrscheinlich: „Der Bulle ist die Quelle von Leben und Kraft; Gott muss so sein." Sie machten ein Bullenkalb und stellten es auf.

Was ist nun falsch daran, Götzenbilder herzustellen? Drei Dinge. Erstens, alle von ihnen machen Gott klein. Sie machen

## DIE GEBRAUCHSANWEISUNG DES SCHÖPFERS

aus dem Schöpfer ein Geschöpf, weil ein Götzenbild auf etwas beruhen muss, was Sie gesehen haben und schon kennen; Sie gleichen den Schöpfer dem Abbild eines Teils seiner Schöpfung an. Daher reduzieren Sie den Schöpfer, der größer ist als alles andere, auf das Ebenbild einer Sache, die er gemacht hat. Sie verkleinern die Größe Gottes. Wenn Sie Gott zu einem goldenen Kalb machen, singen Sie nicht „So groß bist du". Sie haben Gott auf eine kontrollierbare Größe heruntergebrochen.

Jesaja schrieb: „Mit wem wollt ihr mich vergleichen?", fragt der heilige Gott. „Wer hält einem Vergleich mit mir stand?" Die Antwort lautet, nichts in der gesamten Schöpfung ist wie Gott. Nichts ist mit ihm vergleichbar. Wenn Sie die Götzen betrachten, die Menschen gemacht haben, die Bildnisse Gottes, die sie selbst hergestellt haben, so sind sie erbärmlich. Sie können das nicht mit Gott machen; es macht ihn klein. Gott ist „ewig". Welche Art von Bild kam Ihnen in den Sinn, als Sie das gelesen haben? Gott ist „unsterblich." Woran haben Sie gedacht, als Sie das gelesen haben? Gott ist „übernatürlich." Welches Bild entsteht da vor Ihrem inneren Auge? Erkennen Sie das Problem? Wenn Sie ein Götzenbild herstellen, reduzieren Sie ihn auf etwas Sterbliches, Vergängliches und Natürliches.

Das Zweite, was an Götzenbildern falsch ist: Sie reduzieren Gott nicht nur, sondern Sie begrenzen ihn. Von einem Gott, der überall ist, auf einen Gott, der hier ist. Sobald Sie ein goldenes Kalb herstellen, schauen Sie darauf und sagen: „Dort ist Gott." Es lokalisiert Gott; es versetzt ihn an einen Punkt in Raum und Zeit, dabei ist Gott der grenzenlose Gott. Daher begrenzt es ihn, nicht nur örtlich, sondern auch in seiner Aktivität. Ein Götze ist tot. Er bewegt sich nicht; er redet nicht; er spricht nicht; er geht nicht; er antwortet Ihnen nicht. Es ist eine einseitige Beziehung, die Sie mit einem Bildnis pflegen. Jesaja sagt: Ein Götze – er kann nicht gehen und nicht reden. Er kann nicht antworten. Er ist tot.

Das Dritte, was für ein Götzenbild gilt: Es reduziert und beschränkt Gott nicht nur – früher oder später wird es Gott ersetzen. Gott wird in den Hintergrund gedrängt, und *Ihr* Bild steht im Zentrum Ihrer Aufmerksamkeit und Zuneigung.

Sieben Monate nach unserer Hochzeit wurden meine Frau und ich getrennt (durch die Güte und Freundlichkeit der Königlichen Luftwaffe), da man mich in Übersee stationierte. Daher nahm

# KEINE GÖTZENBILDER

ich ein gerahmtes Foto von ihr mit. Es stand dort auf meinem Schreibtisch. Es bedeutete mir viel, als Erinnerung. Wie hätte sie wohl reagiert, wenn ich weiterhin das Foto von ihr intensiv betrachtet und mich nicht um sie gekümmert hätte, als sie schließlich ebenfalls nach Übersee kam?
„Setzt dich doch heute Abend zu mir."
„Nein, ich habe dein Foto, das ich anschauen kann. Ich gebe ihm jeden Abend einen Gutenachtkuss."
„Warum gibst du mir keinen Gutenachtkuss?"
„Ich habe doch dein Foto."
Es klingt lächerlich, doch genau das geschieht mit jedem Abbild Gottes. Früher oder später blickt Gott herab und sieht, wie jemand etwas mit Aufmerksamkeit überhäuft, das ihn repräsentieren sollte. Das, was Menschen für eine Hilfe hielten, wird zu einem Hindernis und einer Blockade und lenkt die Aufmerksamkeit von Gott weg. Ich werde nie vergessen, wie ich den Vatikan besuchte und dort eine Bronzestatue des Heiligen Petrus sah. Seine bronzenen Zehen waren von den Küssen der Menschen schon ganz abgenutzt. Ich frage mich, was Simon Petrus gesagt hätte, wenn er mit ihnen ein Wörtchen hätte reden können.

Eine Anschauungsobjekt in der Anbetung hat die Tendenz, zu viel Aufmerksamkeit auf sich selbst zu ziehen. Eine Darstellung Gottes wird früher oder später Gott ersetzen. Lassen Sie mich Ihnen erzählen, was mit einem mir bekannten Mädchen passierte, das ein Bild von Jesus in ihrem Schlafzimmer aufhängte, nachdem sie Christin geworden war. Es steht nichts in der Bibel, was ihr das verbieten würde. Sie dachte, es würde sie an die Gegenwart Jesu in diesem Raum erinnern. Doch einige Wochen später nahm sie das Bild von der Wand und zertrümmerte es. Die Einzelteile warf sie in den Mülleimer. Wissen Sie, warum? Weil Sie sich dabei ertappte, zu dem Bild zu beten. Ganz unabsichtlich. Sie dachte, es würde ihr helfen, doch das geschah nicht; ganz im Gegenteil.

Das bedeutet nicht, dass Sie niemals ein Bild von Jesus haben dürften. Bilder von Jesus werden im Kindergottesdienst verwendet, um die Kinder zu unterrichten. Doch sollten Sie sehen, wie ein Kind zu einem Bild Jesu betet, müssten Sie das Bild zerstören. Ein Götzenbild ersetzt Gott. Es wird eine Art Ersatz, sodass Sie sich darauf konzentrieren. Gott wird das nicht erlauben. Er ist ein eifersüchtiger Gott.

# DIE GEBRAUCHSANWEISUNG DES SCHÖPFERS

In diesem Gebot sagt er weiterhin: „Meine Liebe zu dir ist besitzergreifend. Ich bin ein eifersüchtiger Gott und ich werde deine Zuneigung mit niemandem teilen. Ich werde nicht zusehen, wie du deine Zuneigung einem Objekt schenkst, das ich geschaffen habe. Die negativen Auswirkungen dieser Handlungen werden auf deine Kinder, Enkel und Urenkel übergehen. Es wird tiefgreifende Auswirkungen auf vier Generationen haben. Dadurch, dass du dies tust, wird sich Schaden durch deine Familie ziehen." Das sind Aussagen Gottes. Er nimmt das sehr ernst.

Bevor wir uns von diesen materiellen Bildern verabschieden, möchte ich einen Moment lang religiöse Symbole in den Fokus nehmen. Dieser Bereich ist durch Unsicherheit gekennzeichnet. Mit religiösen Symbolen meine ich nicht Darstellungen Gottes, sondern Gedankenstützen an Gott. Sie befinden sich in einer ganz anderen Kategorie. Jesus selbst nutzte religiöse, materielle Symbole, um uns an geistliche Wahrheiten zu erinnern. Ich bin kein Quäker, empfinde jedoch großen Respekt für viele Freunde in der „Gesellschaft der Freunde", wie sich die Quäker nennen. Dennoch haben sie dieses Prinzip zu weit getrieben, bei ihnen gibt es weder die Taufe noch das Abendmahl. Es handelt sich dabei um materielle Symbole, Gedächtnisstützen an tiefgreifende geistliche Wahrheiten – in einem Fall Wasser; im anderen Fall Brot und Wein. Sie sind materielle, sichtbare Objekte, die uns bei der Anbetung helfen. Jesus hat sie uns gegeben. Beachten Sie, dass er sehr einfache Dinge verwendete. Wasser können Sie zu Hause dem Wasserhahn entnehmen. Brot haben Sie in der Speisekammer. Brot und Wein waren die Grundnahrungsmittel der Arbeiterklasse. Jesus wählte die einfachsten Dinge, damit wir sie nicht als etwas Besonderes behandelten. Nutzen wir ein religiöses Symbol als Hilfsmittel in unserer Anbetung, sollte es etwas ganz Simples sein, andernfalls wird es zu besonders.

Leider sind selbst die Taufe und das Abendmahl so missbraucht worden: Wir sprechen manchmal von „heiligem Wasser" oder dem „heiligen Tisch" oder bezeichnen diese, jenes oder welches als heilig. Es sind einfach Wasser, Brot und Wein. Materielle Symbole, ja, doch das ist alles. Sie werden nicht irgendwie „magisch". Man darf sich nicht vor ihnen niederbeugen: das ist der Ursprung des Niederkniens, um Brot und Wein zu empfangen. Sie dürfen nicht als etwas Besonderes behandelt werden. Sie sind simple,

# KEINE GÖTZENBILDER

gewöhnliche Symbole.

Meine allgemeine Regel lautet: Je spezieller Ihre Symbole sind, desto mehr neigen Sie dazu, Gott das anzutun, was ein Götzenbild mit ihm macht. Je mehr Sie Gott lokalisieren, desto eher werden Sie Gott als so mysteriös behandeln, dass er keine Beziehung zu Ihrem Montag, Ihrem Waschtag, Ihrem Büro und Ihrer Werkstatt hat. Aus diesem Grund ziehen viele von uns ein Gemeindegebäude ohne religiöse Symbole vor, mit Ausnahme der Symbole, die Jesus uns gegeben hat: Brot, Wein und Wasser. Sie sind so gewöhnlich und gleichzeitig so wunderbar. Das ist also meine Faustregel, wobei es sich nur um meine persönliche Meinung handelt. Ich glaube nicht, dass eine Gemeinde, die ein Kreuz aufstellt, ein Götzenbild installiert, denn sie sagt ja nicht: „Gott sieht so aus wie dieses Kreuz." Es ist kein Bild, das Gott repräsentiert, doch sobald Menschen beginnen, sich davor zu verneigen oder ihm besondere Aufmerksamkeit zu schenken (selbst durch den Ausspruch „Klopf auf Holz"), hat es aufgehört, ein Symbol zu sein, und ist zu einem Bildnis geworden. Es ist eine sehr feine Trennlinie, und die Gefahr besteht ständig, sie zu überschreiten.

Wenden wir uns nun den *mentalen* Bildern zu. Sie können ein Götzenbild aus Eisen, Holz oder Stein errichten oder ein „Bild" der Gedanken. Der Prophet Hesekiel bemerkte, dass die Juden immer noch die falschen Bilder im Herzen trugen, obwohl sie alle ihre physischen Götzenbilder abgeschafft hatten. Er sagte: „Diese Männer haben ihre Götzen in ihrem Herzen aufgestellt." Mit anderen Worten, sie stellten sich immer noch ein falsches Bild von Gott vor.

Welches mentale Bild von Gott haben Sie? Sie könnten in der Gefahr stehen, Gott nach Ihrem eigenen Bild zu formen. Entschuldigen Sie sich selbst, wenn Sie sündigen? Dann machen Sie daraus ein Bild und sagen: „Gott wird mich entschuldigen, wenn ich sündige." Sind Sie nachsichtig und tolerant mit sich, wenn Sie etwas falsch machen? Sie erschaffen ein mentales Bild von Gott, der nachsichtig und tolerant mit Ihnen ist, wenn Sie danebenliegen. Es ist ein Götzenbild und entspricht nicht der Wahrheit. Die Bibel sagt: „Zerstöre es."

Ich weiß noch, wie eine Dame in einen Gottesdienst kam und sagte: „Ich habe sehr oft Ihre Botschaften auf Kassette angehört. Ich habe mir in meinen Gedanken ausgemalt, wie Sie

# DIE GEBRAUCHSANWEISUNG DES SCHÖPFERS

sein würden, und Sie sind überhaupt nicht so." Ich wagte nicht zu fragen, was sie sich ausgemalt hatte. Das wäre einfach zu viel gewesen. Sie machte mir sehr deutlich, dass sie das mentale Bild der Realität vorzog. Aber Sie haben das auch schon getan – Sie haben etwas über Menschen gehört und sie sich ausgemalt, dann sind Sie zum Bahnhof gefahren, um sie abzuholen und haben niemanden gesehen, der nur annähernd der Person glich, die Sie sich vorgestellt haben. Ihr mentales Bild entsprach nicht der tatsächlichen Person, daher haben Sie sie wahrscheinlich verpasst. Genauso können Sie sich ein mentales Bild von Gott ausmalen, das einfach nicht der Realität entspricht – und wenn Sie Gott begegnen, so wie er wirklich ist, werden Sie einen fürchterlichen Schock erleben.

Es gibt eine Vorstellung, dass Gott uns niemals dafür richten wird, was wir getan haben, eine Vorstellung, dass Gott niemals irgendjemanden in die Hölle schicken würde, dass er wie ein sentimentaler, alter Opa ist, mehr wie Santa Claus als wie Jesus Christus – dieses Bild ist viel zu weit verbreitet. Hören Sie der Durchschnittsunterhaltung auf einer Beerdigung zu, beim Kaffeetrinken danach. Dieses Bild von Gott, das so viele Menschen haben, weicht stark vom Gott der Bibel ab. Wenn Sie sich vorstellen, wie Gott ist, müssen Sie ständig das Bild in Ihrer Vorstellung mit dem abgleichen, was Gott über sich selbst gesagt hat. Andernfalls werden Sie Ihren Glauben auf Fantasie gründen statt auf Fakten.

Gedankliche Bilder sind eine Art, durch die wir das zweite Gebot brechen können, doch es gibt eine dritte Art von Bild, das ich erörtern möchte. Dieses dritte Bild ist ein erschaffenes, allerdings nicht mit menschlichen Händen, sondern durch Gottes Hand. Ist Ihnen klar, dass Gott wusste, wir würden Probleme haben, ihn uns vorzustellen? Wussten Sie, dass er sich wünschte, ein Bild würde in Ihrem Kopf entstehen, wenn das Wort „Gott" fällt? Er hat das berücksichtigt. Als Gott die Welt schuf, die Bäume und die Berge machte, wollte er in diese Welt ein erschaffenes Bild seiner selbst setzen, damit Menschen erkennen konnten, wie er ist. Wissen Sie, was er sagte? Er sagte: „Jetzt wollen wir den Menschen machen, unser Ebenbild, das uns ähnlich ist." Das war das erste Abbild der Geschichte, und es war akkurat. Der Name des ersten Mannes, der auf der Erde lebte, war Adam. Der erste Mann, der auf der

## KEINE GÖTZENBILDER

Erde lebte, war ein Abbild, nicht geschaffen durch menschliche Hände, sondern durch Gottes Hände, sodass Menschen Adam anschauen und sagen konnten: „Jetzt weiß ich, wie Gott ist. Jetzt habe ich ein Bild in meinem Kopf." Genau das war Adam, als er geschaffen wurde. Denken Sie einen Moment darüber nach. In welcher Hinsicht war Adam ein Abbild Gottes? Wir wissen, dass Gott keinen Körper hat – Gott ist Geist – doch in gewisser Weise entsprechen die Funktionen meines Körpers in tiefgreifender Weise den Funktionen Gottes. Aus diesem Grund zögert die Bibel nicht, über die Augen des Herrn oder die Ohren Gottes zu sprechen, die Ihnen gegenüber offen sind, oder über den Mund Gottes, der geredet hat, oder sogar über die Nase Gottes, die etwas gerochen hat. Darum spricht die Bibel bedenkenlos über den Arm Gottes und die Hand Gottes, den Finger Gottes und die Beine Gottes, ebenso wie über seine Füße, die Nieren Gottes und seine Eingeweide. Die Bibel spricht über all diese Dinge. Unsere Fähigkeiten und Organe entsprechen auf erstaunliche Weise wahren Eigenschaften Gottes. Gott kann sehen, Gott kann hören, Gott kann riechen, doch es geht noch viel tiefer, weil dieses Abbild immer noch existiert.

Es gibt einen Teil des Abbildes, das verlorengegangen ist. Adam war ein Abbild Gottes, weil er dazu geschaffen wurde, ewig zu leben, er wurde gemacht, um zu lieben. Er wurde für Beziehungen geschaffen, für Kommunikation mit Gott, und er wurde nach dem Ebenbild Gottes erschaffen. Hätten Sie Adam betrachtet, als er gemacht wurde, und gesehen, welche Art von Person er war, hätten Sie sagen können: „Diese Art von Person war und ist Gott." Wunderbar, nicht wahr? Doch Sie wissen und ich weiß, dass dies nicht mehr auf die Menschheit zutrifft. Würde es Ihnen gefallen, wenn jemand Ihr Leben detailliert untersuchen und zu der Schlussfolgerung kommen würde: So ist Gott? Die Antwort lautet: „Nein und tausendmal nein."

Was ist schiefgelaufen? Dieses Abbild, das immer noch ansatzweise zu erkennen ist, wurde verzerrt und beschmutzt, verdorben und entstellt. Daher können Sie jetzt nicht eine Person anschauen und sagen: „So ist Gott." Ich kenne Menschen, die mir erzählt haben, sie könnten sich nicht dazu bringen, die Anrede „Vater" in ihren Gebeten zu benutzen, weil sie daran denken, wie ihr irdischer Vater war. Wir können daher Adams Söhne nicht betrachten und sagen: „Das ist das Abbild; das sichtbare Ebenbild Gottes: So ist Gott." Jahrhundertelang hatten die Menschen daher kein sichtbares Abbild Gottes. Sie konnten nur einander anschauen und Satan sehen. Sie sahen böse und hässliche Dinge. Daher versuchten sie, goldene Kälber herzustellen, sie versuchten, ein sichtbares Bild Gottes wiederzufinden, und natürlich versagten sie jedes Mal, *weil sie es machten*. Wie ging Gott damit um? Er machte einen zweiten Adam. Er begann eine neue Menschheit. Hier kommen nun einige Aussagen, die das Neue Testament über Jesus trifft. Paulus schreibt an die Kolosser: „Jesus ist das Bild des unsichtbaren Gottes." An die Korinther: „Christus ist Gottes Ebenbild." Wieder im Kolosserbrief schreibt Paulus: „Nur in Christus lebt Gott mit seiner ganzen Fülle leibhaftig." Endlich hatten die Menschen wieder ein Abbild Gottes, doch Gott hatte es gemacht, er hatte es im Mutterleib Marias gebildet. Daher konnten Menschen Jesus anschauen, als er auf der Erde war, und sagen: „So ist Gott. Er ist das Bild seines Vaters." Haben Sie diese Aussage schon einmal über menschliche Söhne gehört? Sie können es über Jesus sagen: Er ist das Bild seines Vaters.

Wenn Sie wissen wollen, wie es sich anfühlt, Gott zu begegnen, wie seine Persönlichkeit und seine Reaktionen aussehen, wie er über uns denkt, dann lesen Sie einfach über das Leben Jesu. Ich möchte Ihnen ein kleines Buch empfehlen: „Jesus, the Revolutionary" (Jesus, der Revolutionär) von einem Baptistenpastor aus den Südstaaten Amerikas. Es ist nur ein kleines Taschenbuch, besorgen Sie es sich und lesen Sie es. Es zeigt die Persönlichkeit Jesu auf wunderbare Weise, sodass Sie am Ende des Buches den Eindruck haben: „Ja, ich kenne ihn jetzt als Person." Wenn Sie Jesus kennen, kennen Sie Gott.

Ein sehr bewegender Moment im Leben Jesu ereignete sich am Vorabend seines Todes, als Philippus sagte: „Du hast über den Himmel gesprochen, und wir wissen nicht einmal, wo er sich befindet oder wie wir dorthin kommen können. Und wir wissen auch nicht, wie es sein wird, Gott zu begegnen. Wenn du uns nur Gott zeigen könntest, zeige uns den Vater, lass uns nur einen Blick auf ihn erhaschen, und wir sind zufrieden. Das ist alles, was wir wollen, nur einen Blick auf Gott."

Jesus antwortete: „Drei Jahre war ich bei euch, Philippus. Weißt

## KEINE GÖTZENBILDER

du immer noch nicht, wer ich bin? Du hast Gott ganze drei Jahre angeschaut. Du weißt immer noch nicht, wie er ist. Wer mich gesehen hat, hat den Vater gesehen. Oh, Philippus, warum bittest du mich: ‚Zeig uns den Vater?' Du hast ihn gesehen." Doch Sie und ich sind in der traurigen Lage, dass wir Jesus nicht einmal jetzt sehen können. Er ist wieder in der Herrlichkeit bei seinem Vater. Wir werden ihn nicht sehen, bis er wieder zurückkommt – dann werden wir tatsächlich sein Gesicht sehen. Jesus ließ sich nicht porträtieren. Er ließ keine Marmorstatue seiner selbst anfertigen. Sehr schade, nicht wahr? Wenn es doch nur irgendwo eine Statue gäbe, dann könnten wir hingehen, sie betrachten und sagen: „Ah, so sieht Gott also aus." Doch Jesus war weiser als wir. Es gibt keine Aufzeichnung über sein Äußeres. Ich weiß nicht, wie groß er war: ein Meter Siebzig, ein Meter Achtzig oder noch größer? Ich weiß nicht, ob er hell- oder dunkelhaarig war, ob er blaue oder braune Augen hatte (wahrscheinlich dunkelhaarig und braunäugig). Niemand weiß es, außer denen, die damals dabei waren.

Was kann ich jetzt tun? Ich kann Gott nicht sehen. Ich kann Jesus nicht sehen. Ich sitze in der Klemme! Wirklich? Gott begann Menschen zu erschaffen, die erneuert und transformiert werden, um mehr wie Jesus auszusehen. Kolosser 3,10 (LUT): Zieht an den neuen Menschen, „der erneuert wird zur Erkenntnis nach dem Ebenbild dessen, der ihn geschaffen hat." Römer 8,29: „Wen Gott nämlich auserwählt hat, der ist nach seinem Willen auch dazu bestimmt, seinem Sohn ähnlich zu werden." 1. Korinther 15,49: „Als Nachkommen Adams sind wir ihm ähnlich geschaffen. Aber eines Tages werden wir dann wie Christus einen himmlischen Leib haben." 2. Korinther 3: „Wir alle aber spiegeln mit aufgedecktem Angesicht die Herrlichkeit des Herrn wider, und wir werden verwandelt in sein Bild von einer Herrlichkeit zur andern von dem Herrn, der der Geist ist" (2. Korinther 3,18; LUT). Haben Sie es erfasst? Gott will, dass Menschen etwas von ihm erkennen, nicht dadurch, dass sie einen Stein- oder Metallklumpen nehmen, nicht durch Vorstellungen, die reine Spekulationen sind, sondern durch Menschen, die verändert werden. Seit vielen Jahren ist es mein Vorrecht, Gottes Volk zu dienen und einem nach dem anderen zu begegnen, von dem ich sagen kann: „Ich erkenne etwas von Jesus in dir. Und weil ich es sehen kann, weiß ich, wie Gott ist."

# 3

# Gottes Namen nicht missbrauchen

In dem Jahr, als der König Usija starb, sah ich den Herrn sitzen auf einem hohen und erhabenen Thron und sein Saum füllte den Tempel. Serafim standen über ihm; ein jeder hatte sechs Flügel: Mit zweien deckten sie ihr Antlitz, mit zweien deckten sie ihre Füße und mit zweien flogen sie. Und einer rief zum andern und sprach: Heilig, heilig, heilig ist der HERR Zebaoth, alle Lande sind seiner Ehre voll! Und die Schwellen bebten von der Stimme ihres Rufens und das Haus ward voll Rauch. Da sprach ich: Weh mir, ich vergehe! Denn ich bin unreiner Lippen und wohne unter einem Volk von unreinen Lippen; denn ich habe den König, den HERRN Zebaoth, gesehen mit meinen Augen. Da flog einer der Serafim zu mir und hatte eine glühende Kohle in der Hand, die er mit der Zange vom Altar nahm, und rührte meinen Mund an und sprach: Siehe, hiermit sind deine Lippen berührt, dass deine Schuld von dir genommen werde und deine Sünde gesühnt sei. Und ich hörte die Stimme des Herrn, wie er sprach: Wen soll ich senden? Wer will unser Bote sein? Ich aber sprach: Hier bin ich, sende mich!

*Jesaja 6,1-8 (LUT)*

Das erste Gebot betrifft hauptsächlich den Umgang mit unserem Herzen, das zweite den Umgang mit unseren Händen und das dritte den Gebrauch unserer Worte. „Du sollst den Namen des HERRN, deines Gottes, nicht missbrauchen; denn der HERR wird den nicht ungestraft lassen, der seinen Namen missbraucht."

Die Religion der Bibel nimmt sehr ernst, was wir sagen. Worte sind sehr wichtig. Sogar so wichtig, dass Jesus einmal sagte, dass wir für jedes sorglose Wort, das wir geredet haben, zur

## DIE GEBRAUCHSANWEISUNG DES SCHÖPFERS

Rechenschaft gezogen würden – nicht für jedes *bewusste* Wort, sondern jedes Wort, das uns herausrutschte, als wir müde waren oder unter Druck standen, jedes unbedachte Wort. Damit sind diese Worte gemeint, die uns, ehe wir es uns versehen, über die Lippen kommen. Dafür werden wir gerichtet werden.

Warum nimmt Gott Worte so ernst? Wir sagen: „Oh, das waren doch einfach nur Worte." „Nur Worte?" Das ist kein Ausdruck, den Gott je verwenden würde, weil sie für ihn wichtig sind. Gott benutzte Worte aus zwei Gründen. Erstens, um sich selbst zu offenbaren. Sie sind unsere einzige Möglichkeit, herauszufinden, wie Gott wirklich ist. Wir können ihn nicht sehen oder anfassen, und wir können ihn nicht mit unseren eigenen Ohren hören. Wie finden wir heraus, wie Gott ist? Die Antwortet lautet: durch Worte. Wir wüssten nicht, wie Gott ist, wenn er kein Gott wäre, der spricht. Doch Gott hat uns durch die Jahrhunderte in seinem Buch insgesamt 750 000 seiner Worte gegeben. Aufgrund dieser Worte wissen wir, wie er ist.

Die Worte, die Sie aussprechen, offenbaren, wer Sie wirklich sind. Wollen Sie wissen, was im Kopf eines Menschen vorgeht, analysieren Sie sorgfältig, was aus seinem Mund herauskommt.

Der zweite Grund, aus dem Gott Worte verwendet, ist die Veränderung von Menschen. Durch sein Wort, das er am Anfang aussprach: „Es werde Licht" – wurde es Licht. Als er sagte „Lasst uns den Himmel vom Meer trennen", geschah es – einfach durch Worte. Als er sagte: „Lasst Leben hervorkommen und Pflanzen, Tiere, Fische und Vögel", geschah es. Doch vor allem anderen verändert Gott *Menschen* durch Worte. Daher ist die Predigt noch immer einer seiner Hauptkanäle, um das Leben von Menschen zu verändern. Man sagt über eine Predigt: „Einfach nur Worte." Was wird dadurch schon erreicht? Sie wären erstaunt, wenn Sie wüssten, was einfach nur durch Worte geschieht, allerdings muss es sich um Gottes Worte handeln.

Genauso wirken Ihre Worte daran mit, andere Menschen zu verändern. Worte gewähren nicht nur einen Einblick in Ihre Persönlichkeit, sie beeinflussen auch andere. Ihre Gespräche in dieser Woche haben daran mitgewirkt, die Menschen, denen Sie begegnet sind, zu verändern. Es ist ihnen durch das, was Sie gesagt haben, besser oder schlechter ergangen. Doch Sie haben ihr Denken beeinflusst. Klatsch und Tratsch ist und bleibt eines

## GOTTES NAMEN NICHT MISSBRAUCHEN

der mächtigsten Dinge überhaupt.

Was geschieht, wenn Worte falsch gebraucht werden? Wenn ich Gottes Namen missbrauche, und wir werden gleich erörtern, was das bedeutet, dann gebe ich nicht nur Einblick in meine eigene Geistesverfassung, ich übe nicht nur einen schädlichen Einfluss auf andere aus, ich beleidige auch den Gott, über den ich spreche. Da Sie kein Gespräch in der Abwesenheit Gottes führen können oder hinter seinem Rücken, ist der Missbrauch seines Namens eine Beleidigung, die Sie ihm ins Gesicht sagen. Wer den Namen des Herrn missbraucht, gewährt einen Einblick in sein eigenes Denken und seinen eigenen Zustand. Er übt einen bösartigen Einfluss auf andere aus und beleidigt den Gott, in dessen Gegenwart er spricht. Das sollte genügen, um uns von der Richtigkeit des Gebots zu überzeugen.

Doch was bedeutet es, den Namen des Herrn zu missbrauchen? Wir wollen zunächst ein wenig mehr über die Bedeutung des Namens sprechen. Ein Name ist das, was eine Person von jeder anderen Person unterscheidet. Es ist ein wenig verstörend, jemanden kennenzulernen, der Ihren Namen trägt. Ich erinnere mich noch, wie ich jemanden, den ich vorher nicht kannte, kennenlernte, der ein Pawson gewesen war, jedoch seinen Namen geändert hatte (bevor er mir begegnete). Ein Name ist so eng mit der Person verbunden, die ihn trägt, dass das, was Sie mit dem Namen tun, die Person beeinflussen wird. Vergessen Sie den Namen von jemandem, zeigt es, dass Sie in diesem Moment die Person vergessen haben, dass Sie nicht an diese Person gedacht haben, und das kann peinlich sein. Die Gefahr besteht, den Namen von der Person zu trennen. Wenn Sie das tun, missbrauchen Sie deren Namen. Hatten Sie heute zum Tee einen Sandwich? Falls ja, haben Sie an den Earl of Sandwich gedacht? Diesen Namen haben Sie nämlich gebraucht; er war der erste, der auf die grandiose Idee kam, wie man in die Schlacht ziehen und gleichzeitig essen konnte. Er legte ein Stück Fleisch zwischen zwei dicke Scheiben Brot. Sie nutzen seinen Namen oft und denken dabei nie an diesen Mann. Sie ziehen Ihre Wellington Boots an (klassische englische Gummistiefel), auch wenn Sie dabei wahrscheinlich nicht an den Duke of Wellington denken. Das sind alberne Illustrationen, doch Sie erkennen, was in beiden Fällen geschehen ist. Sie gebrauchen den Namen einer Person, ohne überhaupt an sie zu denken. Der

# DIE GEBRAUCHSANWEISUNG DES SCHÖPFERS

Name und die Person sind voneinander getrennt worden. Das mag in Ordnung sein, wenn sie tot und beerdigt ist, doch Gott ist weder tot noch beerdigt. Er ist gegenwärtig und er lebt. Seinen Namen auf eine leere und bedeutungslose Art zu nutzen ist eine Beleidigung unseres Gottes. Das ist mit dem Wort „missbrauchen" oder „unnützlich führen" (wie es Luther sagt) gemeint. Es bedeutet „leer", „bedeutungslos", „aufgeblasen wie eine Seifenblase". Sie gebrauchen dann den Namen Gottes gedanken- und gefühllos. Das bedeutet es, den Namen des Herrn zu missbrauchen.

Betrachten wir nun fünf Arten, wie Sie Gottes Namen aussprechen und ihn aller Bedeutung entleeren können, sodass er leer und bedeutungslos ist. Erstens, und wahrscheinlich am häufigsten: Sie haben einen Eid gebrochen. Ein Grundproblem jeder menschlichen Gesellschaft besteht darin, festzustellen, ob jemand die Wahrheit sagt, weil wir alle Meister der Lüge sind. Bereits in sehr jungen Jahren lernen wir, Lügen zu erzählen. Wie können Sie nun feststellen, ob jemand die Wahrheit sagt? Eine Möglichkeit besteht darin, Menschen einen Eid schwören zu lassen. Das ist recht üblich. Vielleicht haben Sie schon einmal eine eidesstattliche Versicherung abgegeben oder irgendeine Form von Eid abgelegt, um zu garantieren, dass Sie die Wahrheit gesagt haben. Es geschieht vor jedem Gericht. Warum? Eigentlich fragt man Sie damit: „Sind Sie bereit, Gott als Zeugen dafür aufzurufen, dass Sie die Wahrheit sagen?" Doch ein Eid wirkt nur, wenn Sie an Gott glauben und überzeugt sind, er werde Sie zur Rechenschaft ziehen, wenn Sie seinen Namen missbrauchen. Ein Eid wird absolut nutzlos, wenn man nicht ernsthaft an Gott glaubt. Aus diesem Grunde wäre es mir lieber, man würde diese Praxis vor Gericht beenden. Denn es ist offensichtlich: Die meisten Menschen, die beim Ablegen des Eides eine Bibel in die rechte Hand nehmen, glauben nicht wirklich, dass Gott sie bestrafen wird, wenn sie nicht die Wahrheit sagen. Es ist zu einer bedeutungslosen Formalität geworden.

Wenn ich jemals einen Eid leisten sollte, glaube ich, dass ich darum bitten würde, eine feierliche Versicherung abgeben zu dürfen, was als Alternative erlaubt ist. Das mag manche überraschen – dass jemand, der an Gott glaubt, sich weigert, einen Eid abzulegen. Ich wünschte, mehr Menschen würden

## GOTTES NAMEN NICHT MISSBRAUCHEN

eine feierliche Erklärung abgeben – das wäre ernster gemeint. Doch Meineid bedeutet, Gott als Zeugen für die eigene Aussage anzurufen und dann zu lügen. Umgangssprachlich hat man früher gesagt: „Bring mich um, wenn es nicht stimmt." Das ist dasselbe, Gott als Zeugen anzurufen und als Vollstrecker der Strafe, sollte das, was Sie sagen, nicht stimmen. Ein Christ könnte sagen: „Gott ist mein Zeuge..." Paulus schreibt in mehreren seiner Briefe: „Gott ist mein Zeuge, ich sage euch die Wahrheit." Es ist eine legitime Aussage, eine Betonung, dass Sie die Wahrheit sagen. Das zu tun und dann zu lügen würde eine schwere Bestrafung durch Gott nach sich ziehen.

Als Jesus über diese Art des Schwörens sprach, d.h. einen Eid abzulegen, lehrte er, dass ein Christ auf die Integrität seiner Worte bedacht ein sollte. Er sollte nicht schwören müssen, um die Menschen zu überzeugen, dass er die Wahrheit spricht. Sein „Ja" sollte ja bedeuten und sein „Nein" nein. Dann ist es nicht nötig, bei Himmel und Erde oder bei Gott oder irgendetwas anderem zu schwören. Wenn Sie „Ja" sagen, wissen die anderen, dass Sie die Wahrheit sagen. Seien Sie immer misstrauisch, wenn jemand jeden Satz mit „Im Ernst" beginnt, weil diese Person das verstärken muss, was sie sagt. Das bedeutet normalerweise, dass sie etwas unzuverlässig ist, wenn sie diese Formel nicht verwendet.

Können Sie sich eine Gesellschaft vorstellen, in der jeder immer die Wahrheit sagt? Den Anwälten würde eine Menge Arbeit entgehen und es würde zu einer erstaunlichen Transformation in Beziehungen kommen. Einen Eid vor Gericht könnte man sich dann zweifellos sparen. Man würde Fragen stellen und Antworten erhalten – doch das ist nicht unsere Welt. Wir leben in einer Welt der Lügen, weil die Welt dem Teufel gehört und er der Vater der Lüge ist. Er lehrt uns, zu lügen, sobald wir alt genug zum Sprechen sind. Schwört jemand, so schwört er bei Gott, dass er die Wahrheit und zwar die *ganze* Wahrheit sagen wird, denn Sie können lügen, indem Sie etwas verschweigen, und *nichts als* die Wahrheit, weil Sie lügen können, indem Sie der Wahrheit etwas hinzufügen. Das ist Meineid und bedeutet, den Namen des Herrn zu missbrauchen.

Die zweite Art, den Namen Gottes zu missbrauchen, geschieht durch Gotteslästerung. Verballhornungen wie „Ach du meine Güte" mögen heute weniger verbreitet sein als in der Vergangenheit, doch die Ausrufe „Oh mein Gott!" oder „Jesus

## DIE GEBRAUCHSANWEISUNG DES SCHÖPFERS

Christus!" werden von vielen Menschen zwanglos verwendet, um Überraschung auszudrücken oder eine Aussage zu unterstreichen. In allen Medien hört man häufig Gotteslästerungen. Was ist nun falsch daran? Manche betonen, der Sprecher meine es doch nicht ernst. Man sagt: „Es ist einfach nur Gewohnheit, ich meine gar nichts damit." Es gab einmal eine Zeit, da sagte man: „Ich tue es auf der Arbeit, doch vor meiner Frau und meinen Kindern würde ich das nicht sagen." Das Gewissen war noch irgendwie empfindlich, doch damit ist es heute vorbei.

Ist es einfach Unwissenheit oder ein Zeichen von mangelnder Bildung, dass jemand nicht ausreichend gelehrt wurde, mit Worten richtig umzugehen, sodass er in jedem zweiten Satz immer wieder auf dasselbe Adjektiv zurückgreift? Ist das schwerwiegend oder nicht? Ich glaube, dieses Gebot bezeichnet das als schwerwiegend und zwar aus diesem Grund: An diesem Fluchen ist ja gerade falsch, dass er gar keine Bedeutung hat. Es bedeutet, dass man die Worte ihrer Bedeutung entleert hat, sodass man Sprache, die Gott bezeichnet, herabwürdigt. Wenn Sie die Namen Gottes und Christi auf diese nachlässige und bedeutungslose Weise gebrauchen, werden Sie früher oder später andere dahingehend beeinflussen, sie nicht ernst zu nehmen – das ist die Gefahr.

Leider gibt es Menschen, die ein sadistische Freude empfinden, das Heilige zu entweihen, schon sehr lange. Wir haben eine Zeit durchlebt, in der Zuschauer es spannend fanden, zu hören, wie jemand im Fernsehen flucht. Das läuft sich schnell tot.

Heute ist es so, dass Menschen, die Gott wirklich kennen, nicht „Mein Gott" sagen, sondern seinen Namen nur gebrauchen, wenn sie wirklich etwas Bedeutungsvolles über ihn sagen wollen.

Die dritte Art, den Namen Gottes zu missbrauchen, ist das, was ich Leichtfertigkeit nennen würde. Sinn für Humor kann nützlich sein, wenn Sie über sich selbst lachen können. Es wird lustig, wenn etwas in keinem Verhältnis mehr steht. Ein großer, dicker Mann mit einer sehr kleinen Melone auf dem Kopf ist unproportional oder ein sehr ehrwürdiger Mann, der auf einer Bananenschale ausrutscht. Weil es aus dem Rahmen fällt, lachen wir. Es ist gut zu lachen, weil Ihr Sinn für Humor Ihren Sinn für Verhältnismäßigkeit intakt hält. Situationskomik zeigt in hilfreicher Weise, wie lächerlich menschliche Wichtigtuerei sein kann. Als Billy Graham im Fernsehen interviewt wurde, zeigte man ihm für ihn überraschend

## GOTTES NAMEN NICHT MISSBRAUCHEN

zwei Clips aus Comedyserien. Einer zeigte eine urkomische Szene, in der ein Geistlicher über seine Robe stolperte, während er versuchte, ehrwürdig zu wirken – die übliche Situationskomik. Billy lachte, bis ihm die Tränen kamen. Er hatte großen Spaß daran. Er hielt es für witzig, weil es zeigte, wie für uns Menschen Prunk schnell zu Prunksucht oder Wichtigtuerei wird. Er lachte über die menschliche Aufgeblasenheit und die lächerlichen Kapriolen, die wir schlagen, wenn wir versuchen, ehrwürdig zu erscheinen. Dann zeigten sie ihm einen weiteren Clip, bei dem zwei bekannte Komiker an den Perlentoren des Himmels ankamen, hineingingen und sich nach all den Dingen umschauten, die ihnen Spaß machten. Sie konnten nichts davon finden. Es endete damit, dass einer von ihnen sagte: „Zur Hölle!"

Billy lachte nicht die ganze Zeit. Der Interviewer fragte ihn: „Warum haben Sie nicht über den zweiten Clip gelacht?"

Er antwortete: „Weil Sie im ersten die menschliche Verrücktheit in den Blick genommen haben, die albernen Dinge, die wir tun. Doch im zweiten Clip haben Sie über die Dinge Gottes gelacht."

Er hatte eine sehr klare Linie gezogen. Es mag Menschen geben, die der Ansicht sind, Billy habe die Grenze an anderer Stelle gezogen als sie selbst es getan hätten, die beispielsweise meinen, man sollte nie über die Kirche lachen. Die göttliche Seite der Gemeinde sollte nicht ausgelacht werden, doch die menschliche ist manchmal einfach zu komisch. Wir verlieren völlig das Gefühl für die Proportionen, doch Sie können erkennen, dass eine Grenze gezogen werden muss.

Eine Gefahr besteht darin, dass Ihr Sinn für Humor völlig mit Ihnen durchgeht, sodass Sie ernste Dinge leichtfertig behandeln, und das ist gefährlich. Ich will Ihnen mehrere Beispiele geben. Der Tod ist ein sehr ernstes Thema. Die Bibel lacht niemals über den Tod, und das sollten Sie auch nicht tun. Der Tod ist Ihr größter Feind auf der Erde; er ist der letzte Feind, dem Sie sich gegenübersehen werden. Wenn Sie über ihn lachen, helfen Sie Menschen dabei, vor ihm davonzulaufen, statt sich ihm zu stellen und sich richtig auf ihn vorzubereiten. Dadurch beschädigt man ihre Seelen. Lacht man entweder über den Himmel oder über die Hölle, bringt man Menschen dazu, beide wie einen Witz zu behandeln, sie daher nicht für real zu halten und nicht ernst zu nehmen. Doch der Himmel ist furchtbar real, Gott sei Dank,

## DIE GEBRAUCHSANWEISUNG DES SCHÖPFERS

genau wie die Hölle. Daher sollten wir nie über die Ausgestaltung des Himmels oder die Temperatur der Hölle lachen. Der eine ist wunderschön und die andere ist schrecklich, und beide sollten ernstgenommen werden. Leichtfertigkeit kann zu dem eben beschriebenen Effekt führen. Interessanterweise versuchen die Menschen, die über Gott Witze machen, normalerweise, seinen Namen zu vermeiden. Sie sprechen über den „alten Mann" oder „den Mann da oben" oder „den da oben". Vielleicht spüren sie auch die Überbleibsel eines christlichen Gewissens. Es gibt bei all dem eine Grenze.

Die vierte Art, den Namen des Herrn zu missbrauchen, ist etwas, wofür Jesus keine Geduld und wenig Verständnis hatte: Scheinheiligkeit. Das bedeutet, Worte in den Mund zu nehmen, die nicht zu unserem Lebensstil und zu unseren Gedanken passen. Es gibt zwei Formen davon. Die eine besteht darin, dass Ihr Mund Dinge sagt, Ihre Gedanken dem jedoch widersprechen. Die andere Form ist, dass Ihr Mund etwas sagt, Ihr Lebensstil aber eine andere Sprache spricht. Das haben wir uns alle schon zuschulden kommen lassen.

Kennen Sie das? Während eines Gottesdienstes gehen Ihre Gedanken auf Wanderschaft. Ich erinnere mich daran, wie meine Gedanken zu einem dringenden Problem abschweiften, an das ich direkt vor dem Gottesdienst gedacht hatte. Ich musste mein Denken sofort wieder einfangen. Das ist eine Art, den Namen Gottes zu missbrauchen.

Ich weiß noch, wie ein Mann jahrelang mit seiner Frau in die Gemeinde kam, bevor er Christ wurde. Als er noch nicht gläubig war, fiel mir auf, dass er während des Gemeindegesangs aufstand und das Liederbuch hielt, doch er sang kein einziges Wort. Und er erklärte mir, warum. Er sagte: „Ich werde das erst singen, wenn ich es glaube."

Ich dankte ihm dafür, dass er nicht sang. Ich sagte: „Ich wünschte, mehr Menschen würden die Lieder so ernst nehmen." Können Sie sich meine Begeisterung vorstellen, als er schließlich sang? Jetzt singt er und meint, was er singt, doch selbst nachdem er Christ geworden war, gab es ein Lied, das er nicht singen konnte, wie er mir erzählte: „Herr, mein Leben, es sei dein, lass dir's ganz geheiligt sein." Der Grund, dass er es nicht singen konnte, war der Vers: „Nimm Dir all mein Gut und Geld, Dir sei's in den Dienst

## GOTTES NAMEN NICHT MISSBRAUCHEN

gestellt." Er hatte den Eindruck, er könnte ihn nicht singen, bis er seine Finanzen in Ordnung gebracht hatte. Er würde den Namen des Herrn nicht missbrauchen.

Die fünfte Art, wie wir den Namen des Herrn missbrauchen können – und das ist die schlimmste Gotteslästerung von allen – besteht darin, den Namen Gottes für einen Glaubenssatz oder ein Verhalten zu beanspruchen, das Gott nicht gutheißen würde. Die schreckliche Wahrheit ist, dass bekennende Christen das Evangelium auf den Kopf gestellt haben, und sie haben es im Namen Gottes getan. Es gibt eine gesunde Praxis in der Anglikanischen Kirche: Man beginnt eine Predigt, indem man aufsteht und der Prediger sagt: „Im Namen des Vaters und des Sohnes und des Heiligen Geistes." Das am Anfang zu tun und dann über die neuste Philosophie, Psychologie oder Politik zu predigen bedeutet, dieses Gebot zu brechen.

Beginne ich mit den Worten „Im Namen des Vaters...", dann muss ich sicherstellen, dass meine Predigt dem entspricht, was er sagt. Das bezieht sich auch auf unser Verhalten. Wir könnten sagen: „Im Namen Gottes sollte dies getan werden." Die Inquisition wurde im Namen Gottes durchgeführt. Die Kreuzzüge wurden im Namen Christi begonnen. Im Namen Gottes hat es „heilige" Kriege gegeben. Die Kirchengeschichte ist mit beschämenden Beispielen übersät, doch wir sind dazu immer noch fähig. Wir können so überzeugt sein zu wissen, was das Richtige ist, dass wir den Namen Gottes für ein bestimmtes Verhalten beanspruchen, obwohl wir von der Wahrheit meilenweit entfernt sind.

Wir haben die fünf Arten der Gotteslästerung betrachtet, und es kann noch weitere geben. Wenn ich Sie frage, ob Sie das dritte Gebot verletzt haben, würden Sie es zugeben? Ich müsste es tun. Diese Gebote gehen wirklich tief. Gott nimmt Worte ernst, weil für ihn Worte etwas sind, das den Menschen vom Tier unterscheidet. Mein Hund kann nicht sprechen, ich allerdings schon, und ich kann Dinge kommunizieren, die kein Tier kommunizieren kann. Die Gabe der Sprache ist ein Kennzeichen der Menschheit. Diese Gabe kann mich entweder über die Tiere erheben oder unter sie stellen, weil mein Hund keine Gotteslästerung begeht. Die Gabe der Sprache kann einen Mann nach oben oder ganz nach unten bringen.

Jakobus sagte über die Zunge, sie sei wie ein Präriefeuer, das durch die Hölle selbst entzündet wurde. Sie ist wie eine Quelle, aus

## DIE GEBRAUCHSANWEISUNG DES SCHÖPFERS

der sowohl Segen als auch Fluch fließen können, süßes und bitteres Trinkwasser für andere Menschen. Jakobus geht so weit zu sagen: Wenn du niemals etwas Falsches gesagt hast, bist du perfekt. Die Zunge ist das Körperteil, das am schwersten zu kontrollieren ist. Dieses Verbrechen bricht also das Gebot Gottes. Gibt es ein Heilmittel? Wie löscht man einen Waldbrand? Ich las einmal eine Geschichte über eine Dame in einem französischen Dorf. Sie war eine Klatschtante. Überall erzählte sie hässliche Dinge über andere Menschen. Schließlich wurde ihr ihre Sünde eines Tages bewusst und sie ging zu ihrem Priester. Sie ging zur Beichte, und er sagte: „Du musst Buße tun."

Sie sagte: „Ich werde alles tun."

Er sagte: „Geh und rupfe zwei Hühner, tu die Federn in eine Tüte, gehe die Hauptstraße hinunter und verteile die Federn auf der Straße."

Sie tat es, kam zu ihm zurück und fragte: „Kann ich jetzt freigesprochen werden?"

Er antwortete: „Nein, die Bußhandlung beinhaltet noch einen weiteren Schritt. Geh und sammle die Federn alle wieder auf."

Sie ging die Straße hinunter und sah hier und dort noch eine Feder, doch die meisten von ihnen waren weggeweht worden. Sie kehrte zurück und sagte: „Ich werde sie nie alle aufsammeln können."

Er antwortete: „Nein, und du wirst niemals den Schaden wieder gut machen können, den deine Zunge in diesem Dorf angerichtet hat."

Gibt es ein Heilmittel? Wissen Sie, wie das jüdische Heilmittel aussah? Es war ein Negatives, und es hat nicht wirklich funktioniert. Man gebrauchte den Namen Gottes überhaupt nicht – niemals. In den Jahrhunderten vor dem Kommen Jesu fürchteten sich die Juden immer mehr davor, den Namen Gottes zu missbrauchen; daher hörten sie auf, ihn zu erwähnen. Zunächst ersetzten sie den Namen Gottes durch den Begriff „der Name". Sie pflegten zu sagen: „Bete zu dem Namen", und sie flüsterten ihn nur heimlich. Mit der Zeit wurde er so ungebräuchlich, dass heute weder ich noch irgendjemand anderes weiß, wie Gottes Name ausgesprochen wird. Wir glauben, es hörte sich ähnlich an wie *Jahwe*, das ins Deutsche transkribiert wurde, doch nicht einmal die Juden wissen, wie man es ursprünglich aussprach. Wir

## GOTTES NAMEN NICHT MISSBRAUCHEN

wissen, dass es „Ich bin" bedeutete, doch keiner hat eine Ahnung, wie es sich anhörte. Daher haben wir den Namen Gottes im Alten Testament verloren.

In Ihrer Bibel steht anstelle des Namens einfach ein Wort mit vier Großbuchstaben – „HERR". Wo immer Sie dieses Wort im Alten Testament sehen – ursprünglich stand dort der Name Gottes. Da wir ihn jedoch nicht kennen, können wir ihn dort nicht einfügen, er ist verschwunden. Sie lösten das Problem, den Namen Gottes zu missbrauchen, dadurch, dass sie ihn gar nicht gebrauchten. „Du sollst den Namen des Herrn nicht gebrauchen." Das löste das Problem, doch der Haken daran war, dass niemand über den Herrn sprach. Jene, die seinen Namen missbrauchten, dachten nicht mehr ernsthaft über Gott nach – doch dasselbe geschah mit Menschen, die ihn überhaupt nicht mehr gebrauchten. Erkennen Sie, dass der Effekt derselbe war? Es war ein negatives Heilmittel und es funktionierte nicht. Wussten Sie, dass sie aus diesem Grund Jesus nicht mochten? Er benutzt diesen Namen in aller Freiheit. Sie wagten nicht einmal, ihn auszusprechen. Sie glaubten, sie würden tot umfallen, wenn sie ihn aussprachen. Jesus jedoch gebrauchte ihn immer: „Ich *bin* das Brot des Lebens."

Sie fragten: „Wie kannst du behaupten, Abraham zu kennen? Du bist noch nicht einmal 50 Jahre alt." Er antwortete: „Ehe Abraham wurde, bin ich." Sie steinigten ihn dafür bzw. versuchten es. Als sie ihn im Garten verhaften wollten, fragte er sie: „Wen sucht ihr?" Sie antworteten ihm: „Jesus von Nazareth."

Er sagte: „Ich bin (es)…" Sie fielen zu Boden, erstarrt vor Angst. Er hatte den göttlichen Namen benutzt.

Bei seinem Verhör fragten sie ihn: „Bist du der Christus, der Sohn des lebendigen Gottes?" Er sagte: „Ich bin es."

Der Hohepriester zerriss seine Kleider und sagte: „Wir brauchen keine weiteren Zeugen mehr. Der Mann hat sich selbst verurteilt, mit seinen eigenen Worten. Habt ihr gehört, wie er sich selbst mit dem göttlichen Namen bezeichnet hat?" Sie töteten ihn, weil er den göttlichen Namen auf sich selbst bezogen hatte. Das war in ihren Augen Gotteslästerung, was nicht stimmt. Es war die Wahrheit. Doch Sie können ihre Reaktion darauf erahnen – das ist kein wirkliches Heilmittel.

Ich will Ihnen das Heilmittel verraten. Es ist positiv, nicht negativ. Es geht nicht darum, den Namen des Herrn entweder zu missbrauchen

## DIE GEBRAUCHSANWEISUNG DES SCHÖPFERS

oder ihn nie zu erwähnen – wir sollten ihn richtig gebrauchen. Der Name und die Person müssen wieder zusammengebracht werden. Wir müssen sie wieder so miteinander verknüpfen, dass wir bei jeder Erwähnung des Namens an seine Person denken. Wenn Sie dies tun, werden Sie ihn nicht missbrauchen. Missbrauchen Sie den Namen des Herrn, trennen Sie ihn von der Person und verwenden ihn in einer bedeutungslosen, leeren Art und Weise. Bringen Sie beide wieder zusammen – das ist die Antwort.

Heute gibt es einen neuen Namen für den Herrn. Es stört mich nicht mehr, dass wir den hebräischen Namen für Gott nicht kennen und ihn nicht im Gebet verwenden können, weil wir nicht einmal wissen, wie man ihn ausspricht. Es gibt einen neuen Namen, der Name, der über allen Namen steht. Es ist der Name Jesus. Das ist der Name des Herrn.

Ich weiß, dass Menschen ihn immer noch missbrauchen. Mir ist bewusst, dass sie ihn benutzen, wenn sie den Nagel mit dem Hammer verfehlen. Ich weiß, dass sie ihn als „milden" Kraftausdruck verwenden. Sie sagen, dass es gar keine Bedeutung hätte, das weiß ich auch. Genau das ist das Problem – es hat für sie keine Bedeutung. Das ist der Name, der über allen Namen steht. Es ist der Name der großartigsten Persönlichkeit, die auf der Erde war und jetzt lebendig ist. Haben Sie ihn kennengelernt und stehen Sie in Beziehung zu ihm, gebrauchen Sie seinen Namen nicht auf die falsche Art. Eines der ersten Dinge, die geschehen, wenn jemand sich bekehrt, ist, dass er aufhört zu fluchen. Ist Ihnen das schon einmal aufgefallen? Wenn Sie Gott kennenlernen, sagen sie nicht mehr: „Mein Gott" oder „Grundgütiger" – weil Sie jetzt den guten Herrn kennen. Benutzen Sie diesen Ausdruck, hat er Bedeutung und es geschieht mit Absicht.

Wie passiert das nun? Schritt Nummer eins: *Entsündigung*. Sie brauchen sozusagen eine Mundspülung, und nur Gott kann sie Ihnen geben. Jesaja sah den Herrn hoch und erhaben. Plötzlich wurden ihm alle Dinge bewusst, die er gesagt hatte. Er betete: „Herr, ich bin erledigt. Ich bin am Ende. Du weißt, was ich mit diesen Lippen gesagt habe. Ich bin ein Mann unreiner Lippen und lebe unter einem Volk mit unreinen Lippen. Ich habe es von ihnen übernommen."

Dann brannte eine Kohle vom Altar es weg. Gott sagte: „Es ist keine Schuld mehr da."

# GOTTES NAMEN NICHT MISSBRAUCHEN

Das ist der erste Schritt. Jesus ist gestorben, um die Schuld von allem, was Sie und ich gesagt haben, wegzunehmen und den Preis dafür zu bezahlen. Daher sind alle meine Meineide, meine Flüche, mein leichtfertiges Gerede, meine Scheinheiligkeiten und Gotteslästerungen vergeben, erlassen in Jesus; das ist der erste Schritt.

Schritt Nummer zwei: Ich brauche mehr als nur eine Mundspülung, denn meine Worte sind nur der Ausdruck meines Denkens; ich benötige eine Veränderung der Gedanken, eine „Gehirnwäsche", wenn Sie so wollen, doch nicht auf die menschliche Art – etwas viel Tieferes. Eine „Gehirnwäsche" macht niemanden zu einem guten Menschen; ich brauche *Wiederherstellung*. Ist das die Antwort? Nicht ganz, denn das neue Denken muss immer noch in einem alten Hirn leben, und das alte Hirn hat seine eigenen Gewohnheiten: Wenn ich müde bin oder unter Druck stehe, können alte Sprachgewohnheiten wieder hervorkommen. Sie entstammen nicht meinem neuen Denken, sondern meinem alten Hirn. Daher brauche ich noch mehr.

Drittens: Versöhnung, eine neue *Beziehung*. Jetzt nenne ich Gott „Vater". Würden Sie gegenüber Ihrem eigenen Vater leichtfertig oder lästerlich reden? Falls ja, ist das falsch. Die Versöhnung hat zu einer Beziehung geführt. Jetzt ist mir also bewusst: Wo immer ich auch bin, was auch immer ich sage, er hört mir zu. Ich rede vor seinem Angesicht, nicht hinter seinem Rücken, daher spreche ich einfach nicht unangemessen über ihn.

Das Vierte ist *Offenbarung*. Paulus schreibt an die Galater: „Gott hat beschlossen, seinen Sohn durch mich zu offenbaren." Von jetzt an wird der Name des Herrn angemessen aus meinem Mund kommen. Ich muss Ihnen Folgendes sagen: Sie können nicht gleichzeitig über den Herrn auf die richtige und die falsche Art sprechen. Es geht einfach nicht. Wenn Sie den Namen des Herrn richtig verwenden, dann gebrauchen Sie ihn nicht unangemessen. Das ist die positive Antwort: den bedeutungslosen Gebrauch seines Namens dadurch zu ersetzen, dass Sie ihn rechtmäßig verwenden. Das ist das Heilmittel. Ich garantiere Ihnen: Wenn Sie lernen, den Namen des Herrn richtig zu gebrauchen, werden Sie kein Problem mit dem dritten Gebot haben.

Wenn Sie getauft werden, erhalten Sie einen neuen Namen – nicht Ihren Namen, sondern den Namen Christi. Sie werden in

## DIE GEBRAUCHSANWEISUNG DES SCHÖPFERS

seinem Namen getauft. Sie tragen diesen Namen. Als die Urchristen getauft wurden, übernahmen sie nicht einfach nur den Namen Christi, sie hatten ihn auf ihren Lippen. Alles, was Sie nach Ihrer Taufe tun, soll im Namen Jesu geschehen. Ihre *Gemeinschaft* sollte im Namen Jesu geschehen, denn wo zwei oder drei im Namen Jesu beisammen sind, ist er mitten unter ihnen. Ihre *Gebete* werden im Namen Jesu gesprochen: „Wenn ihr etwas in meinem Namen bittet, wird mein Vater es tun." Ihr *Dienst* wird im Namen Jesu geschehen. „Wer einem in meinem Namen auch nur einen Becher kalten Wassers zu trinken gibt..." Ihre *Kraft* wird im Namen Jesu ausgeübt. Sie werden sagen können: „Im Namen Jesu", und Kraft wird sich in diesem Namen zeigen. Ihr *Leiden* wird im Namen Jesu geschehen, und Sie werden lernen müssen, sich zu freuen, dass Sie würdig erachtet werden, für seinen Namen zu leiden, und Ihr *Ruhm* wird im Namen Jesu stehen. Von jetzt an wird alles *in seinem Namen* geschehen, der Name Jesu liegt nun in Ihren Händen. Ob er einen guten oder einen schlechten Namen unter den Menschen hat, wird an uns liegen. Wir haben seinen Namen angenommen – nicht missbräuchlich, sondern mit Bedeutung.

Gebrauchen Sie seinen Namen richtig, stellen Sie fest, dass Menschen in Ihrem Umfeld beginnen, gehemmt zu sein, seinen Namen zu missbrauchen. Ist Ihnen das schon aufgefallen? Es lässt sie entweder mehr fluchen oder damit aufhören, doch sie können nicht mehr so weitermachen wie bisher. Sie müssen sich entscheiden, weil Sie seinen Namen richtig gebrauchen.

Ich habe schon oft von einem Mann erzählt, dessen Verlobte ihre Verlobung beendete, weil sie sein Fluchen einfach nicht ertragen konnten. Gebrochenen Herzens ging er zu Hause auf die Knie und sagte: „Herr Jesus, kannst du bitte irgendwie meine Worte verändern? Kannst du meine Sprache säubern? Bitte tu es."

Er ging ins Bett, schlief die Nacht durch, erwachte am Morgen und fühlte sich kein bisschen anders. Er dachte: „Was für eine Lüge, mit sich selbst zu sprechen und es Gebet zu nennen – es gibt niemanden, der mir zuhört." Er ging zur Arbeit und schuftete den ganzen Montag. Als er am Abend mit seinem Freund nach Hause ging, der an der benachbarten Werkbank in der Fabrik arbeitete, fragte der ihn: „Geht es dir gut, Gordon?"

„Ja."

„Alles in Ordnung bei dir?"

## GOTTES NAMEN NICHT MISSBRAUCHEN

„Ja."
„Bist du sicher?"
„Ja, warum?"
„Du hast den ganzen Tag nicht geflucht."
Das war vor vielen Jahren. Er und diese junge Frau haben mittlerweile eine wunderbare Familie gegründet. Er wird Ihnen sagen, dass er seitdem nicht mehr geflucht hat. Missbrauchen Sie den Namen des Herrn nicht. Der Herr wird den nicht ungestraft lassen, der seinen Namen missbraucht. Den Namen des Herrn zu missbrauchen genügt, um jemanden zur Hölle zu verdammen, selbst wenn diese Person nichts anderes falsch gemacht hat. Stehen Sie auf, lassen Sie sich taufen und Ihre Sünden abwaschen und rufen Sie seinen Namen an.

# 4

# Den Sabbat halten

Am Anfang schuf Gott Himmel und Erde. Noch war die Erde leer und ungestaltet, von tiefen Fluten bedeckt. Finsternis herrschte, aber über dem Wasser schwebte der Geist Gottes. Da sprach Gott: „Licht soll entstehen!", und sogleich strahlte Licht auf. Gott sah, dass es gut war. Er trennte das Licht von der Dunkelheit und nannte das Licht *Tag* und die Dunkelheit *Nacht*. Es wurde Abend und wieder Morgen: Der erste Tag war vergangen. Und Gott befahl: „Im Wasser soll sich ein Gewölbe bilden, das die Wassermassen voneinander trennt!" So geschah es: Er machte ein Gewölbe und trennte damit das Wasser darüber von dem Wasser, das die Erde bedeckte. Das Gewölbe nannte er *Himmel*. Es wurde Abend und wieder Morgen: Der zweite Tag war vergangen.

Dann sprach Gott: „Die Wassermassen auf der Erde sollen zusammenfließen, damit das Land zum Vorschein kommt!" So geschah es. Gott nannte das trockene Land *Erde* und das Wasser *Meer*. Was er sah, gefiel ihm, denn es war gut. Und Gott sprach: „Auf der Erde soll es grünen und blühen: Alle Arten von Pflanzen und Bäumen sollen wachsen und ihre Samen und Früchte tragen!" So geschah es. Die Erde brachte Pflanzen und Bäume in ihrer ganzen Vielfalt hervor. Wieder sah er sich an, was er geschaffen hatte: Es war gut. Es wurde Abend und wieder Morgen: Der dritte Tag war vergangen. Da befahl Gott: „Am Himmel sollen Lichter entstehen, die den Tag und die Nacht voneinander trennen und nach denen man die Jahreszeiten und auch die Tage und Jahre bestimmen kann! Sie sollen die Erde erhellen." Und so geschah es. Gott schuf zwei große Lichter, die Sonne für den Tag und den Mond für die Nacht, dazu alle Sterne. Er setzte

## DIE GEBRAUCHSANWEISUNG DES SCHÖPFERS

diese Lichter an den Himmel, um die Erde zu erhellen, Tag und Nacht zu bestimmen und Licht und Finsternis zu unterscheiden. Und Gott sah, dass es gut war. Wieder wurde es Abend und Morgen: Der vierte Tag war vergangen. Dann sprach Gott: „Im Wasser soll es von Leben wimmeln, und Vogelschwärme sollen am Himmel fliegen!" Er schuf die gewaltigen Seetiere und alle anderen Lebewesen, die sich im Wasser tummeln, dazu die vielen verschiedenen Arten von Vögeln. Gott sah, dass es gut war. Er segnete sie und sagte: „Vermehrt euch und füllt die Meere, und auch ihr Vögel, vermehrt euch auf der Erde!" Es wurde Abend und wieder Morgen: Der fünfte Tag war vergangen.

Darauf befahl er: „Die Erde soll vielfältiges Leben hervorbringen: Vieh, wilde Tiere und Kriechtiere!" So geschah es. Gott schuf alle Arten von Vieh, wilden Tieren und Kriechtieren. Wieder sah er sich alles an, und es war gut. Dann sagte Gott: „Jetzt wollen wir den Menschen machen, unser Ebenbild, das uns ähnlich ist. Er soll über die ganze Erde verfügen: über die Tiere im Meer, am Himmel und auf der Erde."

So schuf Gott den Menschen als sein Abbild, ja, als Gottes Ebenbild; und er schuf sie als Mann und Frau. Er segnete sie und sprach: „Vermehrt euch, bevölkert die Erde und nehmt sie in Besitz! Ihr sollt Macht haben über alle Tiere: über die Fische, die Vögel und alle anderen Tiere auf der Erde!" Dann sagte er: „Seht, als Nahrung gebe ich euch alle Pflanzen, die Samen tragen, und die Früchte, die überall an den Bäumen wachsen; aber die Vögel und Landtiere sollen Gras und Blätter fressen."

Und so geschah es. Schließlich betrachtete Gott alles, was er geschaffen hatte, und es war sehr gut! Es wurde Abend und wieder Morgen: Der sechste Tag war vergangen. So waren nun Himmel und Erde erschaffen mit allem, was dazugehört. Am siebten Tag hatte Gott sein Werk vollendet und ruhte von seiner Arbeit. Darum segnete er den siebten Tag und sagte: „Dies ist ein ganz besonderer, heiliger Tag! Er gehört mir."

*(1. Mose 1 +2,1-3)*

Betrachten Sie nun Nehemia 13,15-22:

Zu dieser Zeit sah ich in Juda einige, die am Sabbat in der Kelter Weintrauben auspressten. Andere fuhren Getreide vom Feld ein,

## DEN SABBAT HALTEN

beluden ihre Esel damit und brachten es zusammen mit Wein, Trauben, Feigen und anderen Lebensmitteln am Sabbat nach Jerusalem. Nachdrücklich warnte ich sie davor, ihre Waren zum Kauf anzubieten. Es wohnten auch einige Tyrer in Jerusalem; selbst am Sabbat verkauften sie an die Judäer Fische und andere Waren, die sie nach Jerusalem gebracht hatten. Da stellte ich die einflussreichen Männer von Juda zur Rede: „Warum ladet ihr solche Schuld auf euch und achtet den Sabbat nicht als Ruhetag? Haben eure Vorfahren nicht genauso gehandelt? Darum hat unser Gott so viel Unheil über uns und unsere Stadt gebracht. Und jetzt fordert ihr erst recht seinen Zorn heraus, indem ihr den Sabbat missachtet!"

Ich ordnete an, die Tore von Jerusalem am Abend vor dem Sabbat zu schließen, sobald die Dämmerung hereinbrach, und sie erst wieder zu öffnen, wenn der Sabbat vorüber war. Einige meiner Männer stellte ich an den Toren auf; sie sollten darauf achten, dass am Sabbat keine Waren mehr nach Jerusalem gelangten. Da blieben die Kaufleute und Händler mehrmals in der Nacht zum Sabbat vor der Stadt und boten dort ihre Waren an. Ich warnte sie: „Warum schlagt ihr am Sabbat euer Lager vor der Stadtmauer auf? Geschieht das noch ein einziges Mal, lasse ich euch festnehmen!" Von da an kamen sie am Sabbat nicht wieder.

Den Leviten befahl ich, sich zu reinigen und die Stadttore zu bewachen, damit der Sabbat nicht wieder verletzt würde. Denke daran, mein Gott, wie ich mich für dich eingesetzt habe! Hab Erbarmen mit mir, denn deine Gnade ist grenzenlos!"

Betrachten wir schließlich Markus 2,23-3,6:

An einem Sabbat ging Jesus mit seinen Jüngern durch die Getreidefelder. Unterwegs fingen die Jünger an, Ähren abzureißen und die Körner zu essen. Da beschwerten sich die Pharisäer bei Jesus: „Sieh dir das an! Was sie tun ist am Sabbat doch gar nicht erlaubt!" Aber Jesus antwortete ihnen: „Habt ihr denn nie gelesen, was König David tat, als er und seine Männer in Not geraten waren und Hunger hatten? Damals – zur Zeit des Hohenpriesters Abjatar – ging er in das Haus Gottes. Er aß mit seinen Männern von dem Brot, das Gott geweiht war und das nur die Priester essen durften." Und Jesus fügte hinzu: „Der

# DIE GEBRAUCHSANWEISUNG DES SCHÖPFERS

Sabbat wurde doch für den Menschen geschaffen und nicht der Mensch für den Sabbat. Deshalb ist der Menschensohn auch Herr über den Sabbat und kann somit entscheiden, was am Sabbat erlaubt ist."
Als Jesus wieder einmal in die Synagoge ging, war dort ein Mann mit einer verkrüppelten Hand. Die Gegner von Jesus beobachteten aufmerksam, wie er sich verhalten würde. Sollte Jesus es nämlich wagen, den Kranken am Sabbat zu heilen, so könnten sie Anklage gegen ihn erheben. Jesus rief dem Mann mit der verkrüppelten Hand zu: „Steh auf und stell dich in die Mitte, damit alle dich sehen können!" Dann fragte er seine Gegner: „Soll man am Sabbat Gutes tun oder Böses? Soll man das Leben eines Menschen retten oder soll man ihn zugrunde gehen lassen?" Doch er bekam keine Antwort. Zornig und zugleich traurig über ihre Hartherzigkeit, sah Jesus einen nach dem anderen an. Zu dem Mann aber sagte er: „Streck deine Hand aus!" Er streckte sie aus, und die Hand war gesund. Da verließen die Pharisäer die Synagoge und trafen sich mit den Anhängern von König Herodes. Sie fassten miteinander den Beschluss, Jesus zu töten.

Vor einigen Jahrzehnten hatte ich das Privileg, die kleine Insel Iona vor der Westküste Schottlands zu besuchen. Wir fuhren mit dem alten Dampfschiff *King George V*. Es bringt Touristen und Besucher zur Klosterkirche. Es war ein Montag, und einer der Passagiere sagte mit Blick auf das alte Schiff: „Dieses Boot wurde sicher nicht gestern gebaut."
Der Kapitän antwortete: „Keinesfalls. Wir halten in dieser Gegend den Sabbat."
Als ich einmal in Israel war, sah ich vom Reisebus aus einen Kibbuz. Es war eine israelische Landwirtschaftssiedlung, und mir fiel daran etwas Merkwürdiges auf. In ziemlicher Entfernung von den Gemeinschaftsgebäuden gab es eine Reihe von Pfählen, jeder etwa 3,50 Meter hoch, die den gesamten Kibbuz umrundeten. Oben verband ein einziger Draht alle Pfähle miteinander. Er war nicht elektrisch und stellte offensichtlich keinen Zaun dar. Ich fragte den Reiseleiter: „Wozu dient dieser Draht?"
Er sagte: „Das ist ein streng orthodoxer Kibbuz, und dieser Draht markiert die Länge eines Sabbatweges. Sie dürfen am

## DEN SABBAT HALTEN

Sabbat laufen, so weit wie dieser Draht reicht, es ist ihnen gestattet, einmal im Inneren die Runde abzulaufen, das ist die Länge eines Sabbatweges. Sie dürfen nicht darüber hinausgehen." Vor einer alten Methodistengemeinde sah ich ein ungewöhnliches, mit Kreide beschriftetes Schild: „Sonntags geöffnet". Die Abrissfirma hatte es aufgestellt, neben einer Verkaufsanzeige für altes Holz und Ziegelsteine. Man konnte sie dort aus dem abrissreifen Gebäude erwerben. Ich wünschte, ich hätte einen Fotoapparat dabeigehabt, um ein Foto der alten, heruntergekommenen Kirche mit dem Schild „Sonntags geöffnet" zu machen, es sprach meinen Sinn für Humor an.

Der Sonntag war früher in England wohl oder übel ein sehr anerkannter Feiertag. Ich glaube nicht, dass es viele Menschen gibt, die ihn völlig abschaffen würden. Die meisten, die am Wochenende nicht arbeiten müssen, sind dankbar für diese Pause. Mit den Jahren habe ich große Veränderungen in der Einhaltung des Sonntags beobachtet, da durch die Liberalisierung der Unterschied zwischen Sonntag und den anderen Wochentagen verringert worden ist.

In diesem Zusammenhang versammelte sich in London eine Gruppe bibelgläubiger Christen – Männer mit einem beachtlichen Bibelwissen – mit dem Ziel, eine christliche Haltung zum Sonntag zu formulieren und ein Buch über dieses Thema zu schreiben, um den heutigen Christen zu helfen. Tatsache ist, dass diese Gruppe von Männern, die an die Bibel als Gottes Wort glaubten, sich nicht auf eine Leitlinie für moderne Christen einigen konnten und mit unterschiedlichen Meinungen wieder auseinandergingen.

Aus diesem Grund ist mir bewusst, dass ich auf dünnem Eis stehe, wenn ich über dieses Thema spreche. Ich habe den Eindruck, die meisten von uns entwickeln eine Haltung zum Sonntag, die wir entweder aus unserer Erziehung übernommen haben, oder die eine direkte Gegenreaktion auf diese Erziehung ist. Wir schulden menschlichen Traditionen bei diesem Thema viel mehr, als wir zugeben würden. Ich gebe Ihnen ein kleines Beispiel: Mir wurde als Kind beigebracht, es sei sehr gut, an einem Sonntag durch einen Garten zu spazieren – ein sehr schöner Aufenthaltsort. Doch nur einen Löwenzahn mit der Wurzel herauszuziehen, während man durch den Garten lief, damit hätte man die Grenze definitiv überschritten. Solche Traditionen werden uns manchmal in einer christlichen Erziehung vermittelt.

# DIE GEBRAUCHSANWEISUNG DES SCHÖPFERS

Andere haben in dieser Hinsicht eine viel strengere Erziehung erlebt als ich und reagieren sehr heftig darauf. Ein Mann nach dem anderen hat mir etwas Ähnliches erzählt, vielleicht war es auch nur eine Entschuldigung, doch sie sagten: „Die Art, wie wir als Kinder am Sonntag behandelt worden sind, fand ich abschreckend. Sie werden mich nie auch nur in die Nähe einer Gemeinde bringen. Es war ein einziger Stress. Auf zur Gemeinde, zurück, wieder zur Gemeinde, zurück, wieder hin und zurück, gehetzte Mahlzeiten und zurück in die Sonntagsschule und in die Gemeinde. Während Vater und Mutter am Nachmittag schliefen, waren wir in der Sonntagsschule, all das hat nur Ärger gebracht." Es gibt also viele, die eine Abwehrhaltung haben, und es ist heutzutage für Christen sehr, sehr schwierig, unvoreingenommen an dieses Thema heranzugehen; die Bibel vorurteilsfrei zu lesen, um herauszufinden, was sie wirklich sagt, und es dann im Alltag umzusetzen.

Ich werde ziemlich mutig sein. Offen gesagt, nehmen Sie das, was ich Ihnen hier anbiete, als meine wohlerwogene Meinung zur Kenntnis, mehr ist es nicht, außer, wenn ich die Bibel zitiere. Das können Sie als absolute Wahrheit annehmen und dann selbst für sich eine Lösung finden. Doch ich kann bei einem Thema, das bei aufrichtigen Christen zu tiefgreifenden Differenzen geführt hat, nicht dogmatischer sein.

Zunächst werde ich Sie im Schnellverfahren durch die Bibel führen, vom Buch Genesis zur Offenbarung, um in der Gesamtschau darzustellen, was sie tatsächlich über diesen Tag der Woche sagt. Zweitens, ich werde Ihnen einen Schnelldurchlauf durch 2000 Jahre der Geschichte präsentieren und dabei betrachten, was im Lauf der Jahrhunderte mit dem Sonntag passiert ist. Nur ein oder zwei Bemerkungen zu jeder Ära, und dann werde ich zur heutigen Zeit kommen und Ihnen sagen, wie wir meiner Ansicht nach persönlich mit diesem Thema umgehen sollten.

Wir werden uns nicht mit der weltlichen Gesetzgebung auseinandersetzen. Die Zehn Gebote richten sich an den Einzelnen, nicht an die Gesellschaft. Das Wort *du* am Anfang von jedem Gebot steht in der Einzahl – es geht um persönliches Verhalten. Darum bezieht sich das Gebot: „Du sollst nicht töten" auf Mord. Es hat nichts mit der Todesstrafe zu tun oder mit Krieg, das ist ein anderes Thema. Es spricht den Einzelnen an: Du sollst nicht selbst die Entscheidung treffen, das Leben eines anderen zu nehmen – das ist Mord.

# DEN SABBAT HALTEN

„Gedenke des Sabbattages, dass du ihn heiligst." Betrachten wir zunächst das Alte Testament. Die Lage ist eindeutig. Für die Juden gehörte der Sabbat zu einem der drei Dinge, die sie von allen anderen Völkern abhoben. Vollständig ausgeblutetes Fleisch zu essen war das Zweite und die Beschneidung der Männer das Dritte. Der Sabbat war eines der Zeichen ihrer Ethnie, das sie vom Rest der Menschheit unterschied, und dieses Zeichen wurde ihnen von Gott gegeben. Der Finger Gottes schrieb es unauslöschlich in den Stein. Für die Juden war das gut genug. Die Regel lautete: Einer von sieben Tagen, der letzte Tag jeder Woche, sollte dem Geldverdienen und der Arbeit entzogen und Gott gegeben werden, um zu ruhen und an ihn zu denken.

Die Begründung für diese Regel lautet: Als Gott den Menschen schuf, machte er ihn in gewisser Weise ihm ähnlich. Wir brauchen eine Beziehung zu Gott, und der Mensch lebt nicht vom Brot allein. Arbeitet er sieben Tage die Woche, dann benimmt er sich wie ein Tier, denn die Tiere *arbeiten* sieben Tage lang. Das ist etwas, das den Menschen von der gesamten Schöpfung unterscheidet, weil kein Teil der mir bekannten Natur eine Sabbatruhe genießt. Ich fand das zu meinem Leidwesen heraus, als ich auf einem Bauernhof arbeitete und jeden Morgen, einschließlich sonntags, um vier Uhr aufstehen musste, um 90 Kühe zu melken. Das Getreide wuchs zwar von selbst, doch die Kühe melkten sich nicht selber, daher mussten wir aufstehen und es tun. Als einzige in der gesamten Schöpfung erhielten die Menschen diese Regel, und das Volk Gottes empfing sie.

Hier haben wir also etwas Einzigartiges. Der Mensch ist mehr als ein Tier. Wenn er dieses Gebot in die Praxis umsetzen will, muss er von der Arbeit Abstand nehmen und manchmal mit Gott Gemeinschaft pflegen, sonst existiert er nur auf einem tierischen Niveau. Das ist der Grund, der angegeben wird, und Gott nahm dieses Gebot so ernst, dass er erklärte, jeder, der dieses Gesetz breche, werde mit dem Tod bestraft.

Es war also keine zusätzliche Wahlmöglichkeit. Gott gab viele ergänzende Regeln, um zu verdeutlichen, was er meinte. Er verbot ihnen, am Sabbat Feuerholz zu sammeln, ein Feuer anzuzünden, Fleisch zu grillen, und gab ihnen noch viele weitere Anweisungen. Doch es gab noch viele weitere Dinge, die er ihnen nicht sagte. Daher begannen die jüdischen Schriftgelehrten,

# DIE GEBRAUCHSANWEISUNG DES SCHÖPFERS

immer weitere Regeln zu entwickeln, was man tun durfte und was nicht. An diesem Punkt verwandelten sich Gottes Gesetze in menschliche Traditionen, und das ist eine Gefahr. Sobald menschliche Traditionen in die Religion hineinkommen, besteht eine hohe Wahrscheinlichkeit, die Realität und die Freude an dem zu verlieren, was Gott als Segen gedacht hat, und es wird zu einer Last. Genau das geschah mit dem jüdischen Sabbat.

Ich habe einige der Dinge aufgelistet, die die Schriftgelehrten am Sabbat für verboten erklärten. Sie durften am Sabbat keinen gebrochenen Knochen richten und kein Brechmittel verabreichen. Auch das Binden eines Knotens am Sabbat war verboten. Sie durften am Sabbat nicht in einen Spiegel blicken, da Sie sonst ein graues Haar bemerken und herauszupfen könnten, was dem Abernten gleichkäme. Sie durften am Sabbat keine Fliege töten, was zu lebhaften Gottesdiensten in der Synagoge geführt haben dürfte. Eier, die eine Henne am Sabbat gelegt hatte, durften nicht gegessen werden, weil die Henne das Sabbatgesetz gebrochen hatte.

Die Juden haben darüber nicht gelacht, und die Schriftgelehrten, die diese Regeln aufstellten, lachten ebenfalls nicht. Sie glaubten allen Ernstes und mit aller Aufrichtigkeit, dass sie taten, was Gott beabsichtigt hatte. Auch wenn wir sie auslachen, tun wir genauso dumme Sachen. Aus reiner Ernsthaftigkeit Gott gegenüber bestehen wir in unserem Glauben auf bestimmten Traditionen, die Gott nie beabsichtigt hatte. Wir sollten also erkennen, was passieren kann. Der Segen wurde zu einer Last, der Tag der Freude wurde zu einem Tag der Pflicht, und der Tag, der die Menschen hätte beleben sollen, deprimierte sie. Der Sabbat war ein Tag, den man für eine weitere Woche einfach hinter sich brachte; er war etwas Belastendes. Gott hatte ihn zum Besten des Menschen bestimmt, doch zur Zeit Jesu war er zu etwas geworden, was den Menschen schädigte. So stellte sich die Lage dar. Etwas Gutes, das Gott gegeben hatte, war durch das Herumpfuschen des Menschen zerstört worden.

Über einen Teil des Gebots streiten sich die Menschen heute nicht: „Sechs Tage sollst du arbeiten." Wenn Sie schon gesetzlich sein wollen, müssen Sie diesen Teil auch umsetzen. Wenn Sie sich für die Einhaltung des Sonntags als *Feiertag* einsetzen wollen, dann sollten Sie auch gleichzeitig für eine Sechstagewoche plädieren. Was uns sofort deutlich macht, dass wir den gesetzlichen Ansatz fallenlassen sollten: Ob es uns gefällt oder nicht, niemand

## DEN SABBAT HALTEN

von uns ist in diesem Punkt durch und durch buchstabengetreu. Es gibt bekennende Christen (die *Siebententagesadventisten*), die darauf bestehen, dieses Gesetz buchstabengetreu umzusetzen. Das bedeutet natürlich, dass sie den Tag der Anbetung um 18.00 Uhr am Freitagabend beginnen und ihn um 18.00 Uhr am Samstag beenden. Was hat Jesus getan? Es gibt eine schwer verständliche Mehrdeutigkeit im Leben Jesu, was den Sabbat betrifft. Einerseits wurde er als Jude geboren und am achten Tag beschnitten. Er stand unter dem Gesetz. Daher hielt er es vollständig ein. Es war also seine Gewohnheit, am Sabbattag in die Synagoge zu gehen. Für ihn war es ein Tag der Anbetung. Er akzeptierte folglich den jüdischen Sabbat; von 18.00 Uhr am Freitag bis 18.00 Uhr am Samstag war es für ihn ein Tag der Ruhe und der Anbetung. Er lebte unter diesem Gesetz.

Gleichzeitig zeigte er eine bemerkenswerte Freiheit und befolgte das Gesetz nicht so, wie andere Menschen es taten. Er hielt beispielsweise keine einzige Tradition oder Regel ein, die Menschen für den Sabbat aufgestellt hatten. Er ignorierte sie einfach. Genau das führte zu den größten Spannungen zwischen ihm und der religiösen Obrigkeit, die schließlich heimlich seinen Tod plante (wie wir es im Markusevangelium nachlesen können). Brachen seine Jünger mit Traditionen, so verteidigte er sie. Er sagte: „Ihr setzt das Gesetz Gottes durch Traditionen außer Kraft, durch die Gebote von Menschen." Sie hatten sprichwörtlich das Kanu mit so viel Gepäck beladen, dass es kenterte.

Machen Sie sich auch bewusst, dass Jesus den Sabbat als Tag *erholsamer Aktivität* ansah. Er war viel positiver eingestellt. Sie lehrten: „An diesem Tag hört man auf, Dinge zu tun", doch seine Worte bedeuten, dass man genau an diesem Tag Dinge *tut* – von seiner eigenen Arbeit ausruht, um die Werke Gottes zu tun.

Was tat Gott am siebten Tag, als er *ruhte*? Er arbeitete härter als an den anderen sechs Tagen, weil der siebente Tag (in 1. Mose 2,1) nie aufgehört hat – er geht immer noch weiter. Das Schöpfungswerk wurde in sechs Tagen vollendet. Ich persönlich glaube nicht an sechs *Tage* von 24 Stunden. Ich denke nicht, dass die Bibel eine derart exklusive Interpretation verlangt. Ich glaube, dass es sechs *Tage* Gottes gab, weil der siebte *Tag* schon so lange andauert. Was tut Gott jetzt? Er ist nicht mehr damit beschäftigt, Dinge zu erschaffen. Jetzt arbeitet er zum Besten

# DIE GEBRAUCHSANWEISUNG DES SCHÖPFERS

des Menschen. Daher sagte Jesus, als er ein Heilungswunder am Sabbat rechtfertigte: „Mein Vater wirkt bis jetzt, und ich wirke." Er benutzte diese Worte, um zu beschreiben, was er am Sabbat tat. Daher ist der Sabbat kein Tag, an dem man im Sessel sitzt und die Füße hochlegt, sondern ein Tag, an dem man aufhört, für sich selbst zu arbeiten und stattdessen etwas für Gott tut, d.h. wahrscheinlich für einen anderen Menschen. Jesus hatte diese positive Betonung. Sie hätten sagen können: „Du brichst das Gesetz, weil ein Mann mit einer verdorrten Hand am nächsten Tag kommen kann; er kann warten – es ist kein Notfall." Doch Jesus sprach darüber, am Sabbat Gutes zu tun, und genau das tat er.

Ist Ihnen jemals in den Sinn gekommen, der Sonntag könnte eine wunderbare Gelegenheit darstellen, Gutes zu tun? Rauszugehen und jemanden, der es braucht, zu besuchen, etwas für eine andere Person zu tun? Würde man den Sonntag nicht besser nutzen, wenn man einem armen Menschen den Garten umgräbt, statt zu Hause die Füße hochzulegen und einen Roman zu lesen? Ich versuche Sie dazu zu bringen, so zu denken, wie Jesus es tat – und sich von den Tabus und Vorbehalten abzuwenden, die uns manchmal für die wahren Chancen dieses Tages blind machen. Jesus sah das Ganze positiver.

Und nicht nur das: So merkwürdig es auch erscheinen mag, Jesus lehrte niemals über die Einhaltung des Sabbats, obwohl er alle anderen Gebote in seiner Lehre erwähnte. In der Bergpredigt nahm er viele von ihnen durch. Was er lehrte war: Ihr habt den Menschen zum Mittel gemacht, der dem Zweck, dem Sabbat dient. Im Gegensatz dazu hat Gott es andersherum gemacht: Er schuf den Sabbat für den Menschen, nicht den Menschen für den Sabbat. Ihr macht den Sabbat zu etwas, was nicht hilfreich ist, sondern seinen Zweck vereitelt. Doch ich bin für den Sabbat zuständig und ich sollte entscheiden, was am Sabbat erlaubt ist. Das ist eine starke Aussage, die nur der Sohn Gottes treffen konnte.

Das Nächste, was mir auffällt, ist, dass Jesus am ersten Tag der Woche von den Toten auferstand, an einem normalen Arbeitstag. Dadurch hat er Christen für Zeit und Ewigkeit daran gehindert, an einem Samstag Gottesdienst zu feiern. Warum ist er nicht am Sabbat auferstanden?

Der Pfingsttag, an dem Jesus den Geist ausgoss, war ein Arbeitstag. Dadurch veränderte sich die Haltung der Gläubigen grundlegend. Hätte der Sabbat in seiner jüdischen Form

## DEN SABBAT HALTEN

weitergelten sollen, wäre das naheliegendste für Jesus gewesen, am Sabbat aufzuerstehen und seinen Tod ein paar Tag zuvor zu arrangieren (denn er entschied selbst über seinen Todeszeitpunkt). Es scheint, dass Jesus selbst das bisherige Muster klar durchbrach. Jetzt betrachten wir, was die Gläubigen taten, wie es im Rest des Neuen Testaments aufgezeichnet ist. Erstens, jeder jüdische Gläubige in der Urgemeinde tat zwei Dinge am Sonntag: *Er feierte Gottesdienst und er arbeitete* – weil es ein normaler Arbeitstag war. Der wöchentliche Feiertag war der Sabbat. Um ihre Arbeitsstelle zu behalten, mussten sie am Sonntag arbeiten. Daher fanden die Gottesdienste früh am Morgen und spät in der Nacht statt. Falls Sie bisher geglaubt haben, dass Paulus bereits seit 18.30 Uhr gepredigt hatte, als Eutychus um Mitternacht einschlief und aus dem Fenster fiel, liegen Sie falsch. Derartige Dinge konnten geschehen, weil sie ihre Gottesdienste um 4.00 Uhr morgens und um 22.00 Uhr abends abhalten mussten.

Sie arbeiteten also am Sonntag, weil sie Juden waren. Doch sie feierten am Sonntag auch Gottesdienst und Abendmahl. Sie begingen den Sonntag als den Anfang von etwas Großartigem. Wenn sich Nicht-Juden bekehrten, arbeiteten sie ebenfalls am Sonntag, weil es keinen wöchentlichen Ruhetag im Römischen Reich gab, man ruhte nur alle zehn Tage. Sie hatten jeden Monat nur zwei oder drei Tage frei, daher hatten die nichtjüdischen Christen ebenfalls keinen freien Sonntag.

Das Erstaunliche ist: Paulus, der Missionar für die Nicht-Juden, der sehr sorgfältig darauf achtete, was er ihnen beibrachte, lehrte sie kein einziges Mal, einen wöchentlichen Ruhetag zu halten. Ist Ihnen das jemals aufgefallen? Das mag ein Rückschluss aus seinem Schweigen sein, ein negatives Argument, doch wir können es auch positiv formulieren: Paulus lehrte sie tatsächlich, keinen Sabbat zu halten. In Römer 14, 5+6 schreibt er: „Für manche Leute sind bestimmte Tage von besonderer Bedeutung. Für andere wieder sind alle Tage gleich. Jeder soll so leben, dass er mit voller Überzeugung dazu stehen kann. Wer nämlich bestimmte Tage als heilig achtet, der will damit Gott, den Herrn, ehren."

Er schreibt an die Galater 4, 8-11 (LUT): „Aber zu der Zeit, als ihr Gott noch nicht kanntet, dientet ihr denen, die ihrer Natur nach nicht Götter sind. Nun aber, da ihr Gott erkannt habt, ja vielmehr von Gott erkannt seid, wie wendet ihr euch dann wieder

## DIE GEBRAUCHSANWEISUNG DES SCHÖPFERS

den schwachen und dürftigen Mächten zu, denen ihr von Neuem dienen wollt? Ihr beachtet bestimmte Tage und Monate und Zeiten und Jahre. Ich fürchte für euch, dass ich vielleicht vergeblich an euch gearbeitet habe." Der Begriff, den er hier verwendet, lautet *Sabbate*. In Kolosser 2, 16+17 schreibt er: „Darum lasst euch keine Vorschriften machen über eure Ess- und Trinkgewohnheiten oder bestimmte Feiertage, über den Neumondtag und über das, was man am Sabbat tun darf oder nicht. Das alles sind nur schwache Abbilder, ein Schatten von dem, was in Christus Wirklichkeit geworden ist." Verstehen Sie, was Paulus in diesen Abschnitten sagt? Die Befolgung des Sabbats ist eine freiwillige und individuelle Gewissensfrage. Es gibt keine Anordnung vom Herrn, kein Gebot des Herrn dazu. Es war nur ein Schatten, und wenn Sie die Realität ergriffen haben, bedeutet der Schatten nicht mehr viel. Die Realität des Sabbats ist: *die Sabbatruhe Gottes*. Der Hebräerbrief richtet sich an jüdische Christen. In Kapitel 4 heißt es: Der Sabbat ist kein Tag, der Sabbat ist die Ruhe, die in deiner Seele einzieht, wenn du aufhörst zu versuchen, gut genug zu sein.

Das ist also die Sabbatruhe, die für das Volk Gottes bleibt, die wir nach dem Willen Gottes alle genießen sollen, jederzeit, jeden Tag der Woche – von unseren eigenen Werken zu ruhen und ihm zu erlauben, etwas in uns zu tun – genau das sollte der Sabbat als „Vorschatten" anzeigen. Wenn Sie die Realität ergriffen haben, warum kümmern Sie sich dann noch um den Schatten? Wenn Sie in die Ruhe eingegangen sind, warum regen Sie sich dann noch über die Nichteinhaltung der *Sonntagsruhe* auf? Wenn Sie von Ihren eigenen Werken ruhen und Gottes Friede in Ihrem Herzen genießen, warum gehen Sie dann zurück in die Gebundenheit von Regeln und Vorschriften über bestimmte Tage? Das sind sehr klare Worte, die mir sagen, dass der Sonntag nicht der Sabbat ist. Lassen Sie uns das absolut klarstellen. Wenn Sie das Neue Testament als Gottes Wort ansehen, dann ist der Sonntag nicht der Sabbat. Der Sabbat war ein jüdischer Schatten, Sonntag ist der Tag, an dem wir unsere Ruhe in Jesus feiern. Er ist etwas ganz anderes.

Wie steht es nun mit der Geschichte der letzten 2000 Jahre? Die ersten 300 Jahre des Christentums gab es keinen Sonntag. Man feierte am ersten Tag der Woche Gottesdienst, doch es gab keinen Sonntag, keinen wöchentlichen Ruhetag, und die Gemeinde wuchs nie wieder so schnell wie in diesen 300 Jahren. Manche meinen,

## DEN SABBAT HALTEN

wenn wir unseren englischen Sonntag verlieren, wird das Reich Gottes in sich zusammenfallen, doch glauben Sie das bloß nicht. Während dieser 300 Jahre ist es auch nicht geschehen.

Dann wurde der Kaiser Christ, und eines der ersten Gesetze, die er erließ, machte den Sonntag zu einem Ruhetag. Das war ein großer Segen für die Christen. Jetzt konnten sie sich zu einer „christlichen" Zeit versammeln. Doch dann verabschiedete er ein weiteres Gesetz: *Du sollst zur Kirche gehen*. Im Jahr 305 hielten die Sabbatisten in Spanien Einzug. Es dauerte nicht lange, bis es Gesetze über den Zirkus, über den Sport etc. gab. All das, was man unserer Auffassung nach „als Christ tut", strömte in die Gesellschaft hinein. Doch es kam durch einen christlichen Kaiser, der die Gelegenheit ergriff, entsprechende Gesetze zu erlassen.

Im finsteren Mittelalter wurde der Sonntag zu einer Last für die Menschen. Er wurde zu einem trübsinnigen und unglücklichen Tag. Es mag Sie überraschen, dass die Reformation den sogenannten „kontinentalen Sonntag" hervorbrachte. Die Anführer der Reformation (zum Beispiel Martin Luther und Johannes Calvin) begründeten eine neue Sicht des Sonntags als Tag der Freiheit. In Genf predigte Johannes Calvin, der als einer der großen Reformer und Begründer alle presbyterianischen und reformierten Kirchen gilt, am Morgen in seiner Gemeinde. Am Abend spielte er mit seinen Gemeindegliedern Rasenbowling.

Lasten Sie den „kontinentalen Sonntag" nicht den Römischen Katholiken an, es waren die Protestanten, die ihn einführten und so den Völkern Europas zur Freiheit verhalfen. Es ist ein wenig verblüffend: Wenn Sie in der Schweiz am Morgen eine Brüdergemeinde besuchen, werden Sie am Nachmittag von den Brüdern zum Skifahren eingeladen.

Es geschah in England, dass eine neue Sichtweise eingeführt wurde, durch eine Gruppe sehr aufrichtiger und liebenswerter Christen – sie wurden die Puritaner genannt und wollten diesen Tag mehr und mehr zu einem *Sabbat* machen, wie sie es nannten. Unter ihrem Einfluss wurden alle Spielsachen verbannt, außer der Arche Noah. Alle weltlichen Bücher verschwanden im Schrank, und „Die Pilgerreise", „Fox's Book of Martyrs" (Foxs Buch der Märtyrer) und die Bibel wurden zur Sonntagslektüre. Durch den puritanischen Einfluss verbreitete sich diese Art von Sonntag im Abendland und wurde schließlich zum englischen Gesetz. Die

## DIE GEBRAUCHSANWEISUNG DES SCHÖPFERS

meisten unserer Sonntagsgesetze gehen auf diese Zeit zurück. Er bereitete den Weg für etwas, das seither für Unheil gesorgt hat: der Viktorianische Sonntag – an ihm lachte man nicht und Kinder machten keinen Lärm. Man zog Beerdigungskleidung an und der Sonntag wurde zum ernsten Tag.

Es ist wirklich eine Tragödie – dieser Tag, an dem man ursprünglich die Auferstehung fröhlich feierte, wurde zu einem Tag, an den viele traurige Erinnerungen haben, auch wenn es Menschen gab, die das Familienleben genossen, das durch diesen ernsten Tag gefördert wurde. Die Gegenreaktion im zwanzigsten Jahrhundert war unvermeidlich. Wir haben eine massive Abnahme der Gottesdienstbesuche erlebt. Wir haben miterlebt, wie man aus dem Sonntag einen *Spaß-Tag* machen wollte und schließlich einen *Sünden-Tag*. Wenn Sie einen Blick in eine typische Sonntagszeitung werfen, die von Millionen gelesen wird, wissen Sie, was ich meine. Woran liegt es nur, dass die Sonntagszeitungen ein noch niedrigeres moralisches Niveau haben als die regulären Blätter? Es war eine Gegenreaktion, die wir uns teilweise wohl selbst zuzuschreiben haben. Menschen haben gesagt: „Wir wollen sonntags tun, was uns Spaß macht." Daher bleiben sie zu Hause, schauen Fernsehen, pflegen ihren Garten, waschen ihr Auto – alles, nur nicht Gott begegnen.

Was sollen wir nun am Sonntag tun? Es gibt drei Haltungen, die Sie einnehmen können, und wir finden Sie alle im Galaterbrief des Paulus: *Gesetzlichkeit, Freizügigkeit* oder *Freiheit*. Ich bitte Sie eindringlich, die Freiheit in Betracht zu ziehen. Gesetzlichkeit bedeutet, zu den Regeln und Verboten zurückzukehren und zu sagen: „Tu das nicht, heute ist Sonntag" – und ihren Kindern das Gefühl zu vermitteln, dass Sonntag ein trübseliger Tag sei, an dem sie bestimmte Dinge nicht tun dürfen. Wenn sie das miterleben, werden sie dagegen rebellieren – zu Recht. Gesetzlichkeit ist nicht der richtige Weg. Sie macht ihn zu einem unglücklichen und bedrückenden Tag – eine aufgezwungene Pflicht, bei der Heiligkeit sehr schnell zur Scheinheiligkeit verkommt.

Die zweite Art ist das genaue Gegenteil: Freizügigkeit. Ich mache das, wozu ich am Sonntag Lust habe. „Wenn ich auf dies oder das Lust habe, tue ich es." Genau das tun viele Menschen heute am Sonntag, doch es ist keine Freiheit. Es führt, offen gesagt, zu einem langweiligen Sonntag. Ein Grund, dass es eine immer

## DEN SABBAT HALTEN

größere Nachfrage nach kommerzieller Unterhaltung gibt, ist genau der: Die Menschen langweilen sich. Wussten Sie, dass die Gewohnheit, sonntags im Bett zu liegen, in der viktorianischen Zeit begann, weil es die einzige anständige Alternative zum Kirchgang war? Lassen wir auch die Freizügigkeit als Alternative draußen vor – Sonntag ist kein Tag, an dem ich einfach tun sollte, was ich möchte.

Freiheit hingegen bedeutet, Jesus zu erlauben, der Herr jedes Tages zu sein, einschließlich des Sonntags. Es geht darum, am Sonntag das zu tun, was Jesus möchte, ihn entscheiden zu lassen, was getan wird. Das ist der Anspruch, den er auf den jüdischen Sabbat erhebt, allerdings gilt das für jeden Tag unseres Lebens: Sonntag, Montag, Dienstag, bis zum nächsten Sonntag. Ich will am Sonntag frei sein, den Sonntag zu begehen. Daher muss ich den anderen die Freiheit lassen, ihn nicht zu halten. Ich will frei sein, Gott am Sonntag anzubeten, daher muss ich anderen die Freiheit zugestehen, es nicht zu tun. Ich möchte frei sein, mit Gottes Volk zusammenzukommen und mit ihm gemeinsam anzubeten. Ich will so frei sein, einen Tag zu haben, der sich von den anderen unterscheidet und der insbesondere Gott gewidmet ist, doch ich werde das nicht als Zwang oder Ordnung Gottes verkünden, weil der Herr Jesus uns das nie aufgetragen hat.

Finden Sie in Übereinstimmung mit der Lehre des Paulus eine Lösung für sich, gemeinsam mit dem Herrn. Tun Sie das, was dem Willen des Herrn für Sie entspricht, nicht was *Sie* tun wollen. Ich glaube, diese Herangehensweise an den Sonntag macht ihn zum großartigsten Tag der Woche, zum spannendsten und herrlichsten. Dann freuen Sie sich darauf, wie auf eine Oase in der Wüste, dann beflügelt er sie für die darauffolgende Woche, und während der Woche blicken sie darauf zurück. Es ist ein Tag der Inspiration; ein Tag, der Ihnen Auftrieb gibt. Ich will frei sein von meinen eigenen Werken, um seine Werke zu tun. Ich will frei sein vom Geldverdienen, um Gott zur Geltung kommen zulassen. Ich beanspruche die Freiheit, Gott anzubeten – das ist wahre Freiheit.

Christen, die heutzutage in die Gemeinde gehen, tun es, Gott sei Dank, weil sie die Freiheit dazu haben; nicht aufgrund eines Gesetzes, das ihnen den sonntäglichen Kirchgang vorschreibt. Christen haben die Freiheit, Gott den ganzen Tag zu geben, nicht nur zwei Stunden am Morgen und am Abend. Sie sind frei, Gott

## DIE GEBRAUCHSANWEISUNG DES SCHÖPFERS

alles zu schenken. Wenn Sie richtigerweise und in aller Freiheit Gott den Sonntag geben, nicht als Verpflichtung, nicht als etwas, was der Herr Ihnen auferlegt hat, sondern weil Sie es aus Liebe zum Herrn tun wollen, dann wird jeder andere Tag ebenfalls anders sein. Sie werden an jedem Tag die Sabbatruhe genießen. Genau das genoss ein Christ vor vielen Jahrhunderten, der ein Kirchenlied mit folgendem Vers schrieb:
*Sieben ganze Tage, nicht nur einen, werde ich Dich preisen.*

Die Gefahr der „Einhaltung der Sonntagsruhe" besteht darin: Wenn Sie das erledigt haben, können Sie genauso weitermachen wie bisher. Diese Gefahr lauert sogar am Sonntag selbst: Bedeutet der Sonntagsgottesdienst für Sie, dass Sie Ihre Pflicht erfüllt haben und nun der Rest des Tages Ihnen gehört, sind Sie nicht in die Sabbatruhe eingegangen. Sie haben nicht die Freiheit von Ihrer eigenen Selbstbezogenheit und von der Sünde genossen, die der wahren Sabbatruhe entspricht.

Ich betrachte Sonntag als einen Tag, an dem Sie für den Rest der Woche in eine Sabbatruhe kommen können. Lieben Sie jemanden, dann fragen Sie nicht: „Wieviel Zeit sollte ich mit meiner Verlobten verbringen? Reicht eine Stunde?" Können Sie sich vorstellen, dass jemand so über Personen spricht, die er liebt? Sollte jemand fragen: „Wie oft muss man mindestens in den Gottesdienst gehen?", würde das sofort offenbaren, dass er Gott nicht liebt. Ich liebe den Sonntag, auch wenn er für mich kein Sabbat ist.

Christliche Freiheit – preisen wir Gott dafür!

# 5

# Vater und Mutter ehren

Wir beginnen diese Betrachtung mit einem meiner Lieblingsevents, über das die Bibel berichtet. Erstaunlich, dass wir über das Leben des Sohnes Gottes in seinen ersten 30 Jahren gar nichts wissen, bis auf eine Begebenheit! Wüssten Sie nicht auch gerne, wie Jesus sich in Nazareth verhielt und was mit ihm in seiner Jugendzeit geschah? Wir sehen Jesus, als er erst acht Tage alt ist, und erhaschen dann einen weiteren kurzen Blick auf ihn, als er zwölf ist...

Nachdem Josef und Maria alle Vorschriften erfüllt hatten, die das Gesetz des Herrn fordert, kehrten sie nach Nazareth in Galiläa zurück. Das Kind wuchs gesund heran, erfüllt mit göttlicher Weisheit, und Gottes Segen ruhte sichtbar auf ihm. Jahr für Jahr besuchten Josef und Maria das Passahfest in Jerusalem. Als Jesus zwölf Jahre alt war, gingen sie wie gewohnt dorthin und nahmen ihn mit. Nach den Festtagen machten sich die Eltern wieder auf den Heimweg. Jesus aber blieb in Jerusalem, ohne dass sie es bemerkten. Denn sie dachten, er sei mit anderen Reisenden unterwegs. Nachdem sie einen Tagesmarsch weit gekommen waren, begannen sie, bei ihren Verwandten und Freunden nach ihm zu suchen. Als sie ihn aber dort nicht fanden, kehrten sie besorgt um und suchten ihn überall in Jerusalem. Endlich, nach drei Tagen, entdeckten sie Jesus im Tempel. Er saß mitten unter den Gesetzeslehrern, hörte ihnen aufmerksam zu und stellte Fragen. Alle wunderten sich über sein Verständnis und seine Antworten. Die Eltern waren fassungslos, als sie ihn dort fanden. „Kind", fragte ihn Maria, „wie konntest du uns nur so etwas antun? Dein Vater und ich haben dich überall verzweifelt gesucht!" [*Diese kleine Rede ist so typisch, nicht wahr?*]

# DIE GEBRAUCHSANWEISUNG DES SCHÖPFERS

„Warum habt ihr mich gesucht?", erwiderte Jesus. „Habt ihr denn nicht gewusst, dass ich im Haus meines Vaters sein muss?" *[Ist Ihnen hier etwas aufgefallen? „Dein Vater und ich haben dich überall verzweifelt gesucht" und: „Ich war bei meinem Vater." Schockiert erkannte Maria, dass er wusste, wer sein Vater war. Sie hatte ihm nie die Wahrheit gesagt und dachte, er hielte Josef für seinen Vater. Jetzt weiß sie, dass er es weiß.]* Doch sie begriffen nicht, was er damit meinte. *[Sie waren nicht die ersten Eltern, die ihren zwölfjährigen Sohn nicht verstanden. Jetzt kommt das Erstaunliche...]* Dann kehrte Jesus mit seinen Eltern nach Nazareth zurück, und er war ihnen gehorsam. Seine Mutter aber dachte immer wieder über das nach, was geschehen war. So wuchs Jesus heran, und seine Weisheit nahm zu. Je älter er wurde, desto mehr Ansehen fand er bei Gott und bei den Menschen.

*Lukas 2,39ff [meine eigenen Worte in Klammern]*

„Du sollst deinen Vater und deine Mutter ehren, auf dass du lange lebest in dem Lande, das dir der HERR, dein Gott, geben wird."

Ich muss Ihnen nicht erzählen, dass sich das Familienleben gerade radikal verändert. Es verändert sich zahlenmäßig. Die durchschnittliche Anzahl von Kindern liegt jetzt bei zwei bis drei. Die Mutter meiner Frau war eine von 13. Das Familienleben verändert sich nicht nur zahlenmäßig, sondern auch in Bezug auf die Generationen. Heute leben meistens nur noch zwei Generationen unter einem Dach, während vor nicht allzu langer Zeit noch drei Generationen normal waren. Sehr oft wurde meine Generation durch unsere Großeltern genauso stark beeinflusst wie durch unsere Eltern. Das gesamte Muster des Familienlebens verändert sich also. Tatsächlich sagen manche voraus, dass es die Familie nicht mehr geben wird.

Man hat schon viele Versuche unternommen die zahlreichen Gründe für den Zusammenbruch des Familienlebens zu analysieren. Als Drahtzieher im Hintergrund muss Satan sich die Hände reiben, denn eines seiner Hauptziele besteht darin, die Einheit, die wir Familie nennen, zu zerbrechen. Warum? Wenn Sie die Familie zerstören, dann zerstören Sie auch fast jede andere soziale Gruppierung. Sie ist das eine grundlegende Element – vergleichbar einem Ziegel als Grundstein einer Mauer. Für viele Gemeinden gilt, dass ihr Rückgrat, ihr Kern aus christlichen Familien besteht. Wir danken Gott für die Menschen, die aus nichtchristlichen Familien kommen und Christen werden, doch eine christliche Familie ist eine Einheit, aus der eine starke Gemeinde, eine starke Nation und starke Gemeinschaften gebaut werden.

Zerbricht die Familie, so leiden die meisten anderen sozialen Gruppen darunter. Wenn Sie „Verfall und Untergang des Römischen Reiches" lesen, entsteht vor Ihren Augen ein erstaunliches Bild: verzweifelte Versuche der Empfängnisverhütung, Aussetzung von Kindern, häufige Scheidungen, Partnerwechsel. Als die römische Familie begann, auseinanderzubrechen, wurde das gesamte Gefüge des Römischen Reiches überlastet.

Wir interpretieren die Gebote im Licht des Neuen Testaments. Wir haben gesehen, dass ein Gebot durch Jesus für einen Christen radikal verändert und ganz anders erfüllt wird als für die Juden. Das gilt für das vorangegangene vierte Gebot über den Sabbat. Doch beim fünften Gebot stellen wir fest, dass es sich in der Lehre Jesu unverändert fortsetzt und wortwörtlich sechs Mal im Neuen Testament zitiert wird. Im Gegensatz dazu wird das Sabbatgebot kein einziges Mal erwähnt. Dieses Gebot, die eigenen Eltern zu ehren, setzt sich also vom jüdischen Leben ins christliche Leben fort und ist daher unverändert ein wichtiger Teil unserer christlichen Familienbeziehungen.

Was bedeutet dieses Gebot? *Wie* sollen wir Vater und Mutter ehren? Ich richte meine Worte zunächst an jene, die Väter und Mütter haben, dann an Eltern mit Kindern – weil ich glaube, dass dieses Gebot zwei Seiten hat, eine ist ausformuliert, die andere steht zwischen den Zeilen. Zweifellos besteht das Ehren der Eltern in der ersten Lebensphase in der *Unterordnung* – dieses Wort ist nicht sehr beliebt. Ich habe es absichtlich gewählt. Ich wollte zunächst „Gehorsam" sagen, doch dann dachte ich, *Unterordnung* würde Sie eher aufhorchen lassen, weil da etwas mitschwingt, was uns in der heutigen Zeit nicht gefällt. Wir mögen keine Autoritäten. Wir wollen nicht, dass jemand über uns steht. Wir wollen uns artikulieren und unabhängig sein. Wir wollen unser Leben selbst gestalten. Doch wenn ein Kind zu Hause lebt und von seinen Eltern abhängig ist, stellt dieses Gebot eine Aufforderung an das Kind dar, sich den Eltern unterzuordnen. Nennen Sie es Gehorsam, wenn Sie möchten. Ein eigenwilliges Kind hat etwas höchst Unnatürliches

## DIE GEBRAUCHSANWEISUNG DES SCHÖPFERS

an sich. Es ist nicht naturgemäß und zerbricht sein Zuhause sehr schnell. Daher sollte dieses Gebot zunächst so verstanden werden: „Kinder, gehorcht euren Eltern im Herrn." Grundsätzlich gilt dieselbe Haltung für das ganze Leben, doch in der Praxis, mit dem Älterwerden, wird sich dieselbe Haltung in jeder Phase der Beziehungen unterschiedlich ausdrücken. Eine Zeit wird kommen, da aus der Abhängigkeit zu Recht Unabhängigkeit wird, und dann wird sich die Form der Ehrerweisung ändern: von Unterordnung zu Höflichkeit und Respekt. Eine große Gefahr besteht heute darin, dass viele junge Menschen über bessere Chancen im Leben verfügen als ihre Eltern. Sie wissen wahrscheinlich mehr und sind schlauer, doch das bedeutet nicht, dass sie weiser wären. Es ist diese Verwechslung von Weisheit mit Schlauheit, die dazu führen kann, dass sich ein junger Mensch der schlimmsten Arroganz schuldig macht, die es gibt: auf die eigenen Eltern herabzublicken. Mit den Jahren sollte Weisheit Einzug halten.

Die Höflichkeit und der Respekt, die in dieser zweiten Lebensphase folgen, sind einfach nur das Bewusstsein, dass Ihre Eltern mehr Lebenserfahrung haben. Was Ihnen als Engstirnigkeit erscheinen mag, ist tatsächlich der aufrichtige Wunsch, dass Sie das Beste im Leben genießen sollen. Manchmal handelt es sich sogar um eine Altlast der Fehler, die Ihre Eltern begangen haben. Etwas, was wir Eltern tun – und möglicherweise greife ich hier vor – ist, dass wir versuchen, unsere Kinder die Leiter höher hinaufzuschieben, als wir selbst gekommen sind. Daher versuchen wir sie dazu zu bringen, die Fehler zu vermeiden, die wir begangen haben. Ein Mädchen im Teenageralter formulierte es so: „Was hast du in meinem Alter nur angestellt, dass du dir um mich solche Sorgen machst?" Eine der niederschmetterndsten Fragen, die je gestellt wurden, auf die es keine Antwort gibt. Doch vergessen Sie nicht, dass Ihre Eltern gesündigt haben, und aus diesem Grund wünschen sie sich, dass Sie es nicht tun; weil sie Dinge getan haben, die sie nicht hätten tun sollen, weil sie es bereuen und weil ihr Leben danach für immer gezeichnet war, sind sie besorgt und wünschen sich, dass Sie es lieber von ihnen auf die einfache Tour lernen statt auf die harte.

Es geht also um Höflichkeit und Respekt nach dem Erlangen der eigenen Unabhängigkeit; dass Sie immer noch bereit sind, ihren Rat anzuhören und in Betracht zu ziehen, einfach in dem

## VATER UND MUTTER EHREN

Wissen, dass ihre Lebenserfahrung sie etwas weiser gemacht haben könnte als Sie. Oder in dem Bewusstsein, dass ihre Sorgen einfach Ausdruck ihres Wunsches sind, dass Sie nicht ebenfalls später etwas bedauern müssen. Jeder Elternteil würde Ihnen, wenn er ehrlich ist, sagen: „Ich würde so gerne noch einmal in deinem Alter sein und wissen, was ich jetzt weiß, ich würde alles darum geben, noch einmal jung zu sein." Doch leider können wir das nicht.

Die dritte Phase kommt später im Leben, wenn die Rollen sich vertauscht haben, und Ehre bedeutet, die zu unterstützen, die Sie einst unterstützt haben. Dabei sind schwierige und tiefgreifende Fragen zu entscheiden, vielleicht haben Sie schon mit dieser Frage gerungen: „Sollten Mama und Papa im betreuten Wohnen untergebracht werden?" Mit diesen Problemen müssen Sie sich auseinandersetzen, doch zumindest behandeln Sie diese Fragen in der Haltung, Ihre Eltern ehren zu wollen, zu welcher Entscheidung der Herr Sie auch immer führen mag. Und es steht mir nicht zu, Ihnen zu sagen, was Sie tun sollten.

Wir haben also das gesamte Spektrum durchlaufen, von Unterordnung in der Anfangsphase über Respekt und Höflichkeit in der mittleren Phase bis zur Unterstützung in der letzten Phase. So wie ich es verstehe, ändert sich das Ehren von Vater und Mutter mit jeder Phase, doch Ihr Grundrespekt bleibt immer bestehen.

Jesus Christus ist das beste Beispiel für alle drei Phasen, das ich kenne. Die erste Phase spielte sich während seiner Kindheit ab – als er Maria und Josef unterstellt war. Sie wussten nicht, dass ihm bewusst war, der Sohn Gottes zu sein – und dennoch ordnete er sich einem Dorf-Zimmermann und seiner Frau unter. Vielleicht machten Josef und Maria manchmal Fehler bei ihrer Erziehung. Dennoch ordnete er sich ihnen die ganze Zeit unter.

Doch irgendwann kam der Zeitpunkt seiner Unabhängigkeit, und ein jüdischer Junge erreichte ihn mit 12 Jahren. Ich erwähne das, weil wir früher bei uns der festen Meinung waren, 21 sei das richtige Alter. Die Volljährigkeit wurde dann auf 18 Jahre festgesetzt, doch vielleicht müssen wir sie noch weiter herabsetzen. In der Bibel steht nichts über 21 oder 18 Jahre. Das biblische Alter war 12, und dann übernahm ein Junge die Verantwortung eines Erwachsenen. Tatsächlich wurde er Partner im Unternehmen seines Vaters. Er kümmerte sich mit 12 Jahren wortwörtlich um das Haus seines Vaters.

# DIE GEBRAUCHSANWEISUNG DES SCHÖPFERS

Ich weiß noch, wie ich in Jerusalem am Morgengottesdienst einer großen Synagoge teilnahm und einen kleinen 12jährigen Jungen sah, dessen Eltern voller Stolz etwas weiter hinten saßen. Da war er also, dieser kleine Bursche mit seiner Kippa auf dem Kopf. Man reichte ihm die Schriftrolle und er las das Gesetz – nun war er ein „Sohn des Gebots". Jetzt war er moralisch verpflichtet, es zu halten. Er war kein Jugendlicher mehr, sondern ein Mann. Er war so stolz, als er das Gesetz allen vorlesen durfte! Die Zeremonie der Bar-Mitzwa ist ein wichtiger Moment.

Jesus wurde nach Jerusalem gebracht und erhielt dort seine Unabhängigkeit. Er nahm an, seine Eltern würden verstehen, dass er jetzt unabhängig war, weil er ihnen nicht sagte, wohin er ging. Das war absolut richtig – er hatte nichts falsch gemacht, denn er war jetzt erwachsen.

Sie hätten ihn als Erwachsenen behandeln und ihn fragen müssen: „Wo gehst du hin?", statt: „Wir sagen dir, wo es langgeht." So ging er also – nicht gedankenlos. Er war jetzt erwachsen, und sie waren außer sich. Wie viele andere Eltern auch hatten sie nicht gelernt, ihren Jungen erwachsen werden zu lassen. Sie hatten nicht gelernt, das Kind gehen zu lassen, ihn wie einen kleinen Adler aus dem Nest zu schubsen, sodass er selbst fliegen musste. „Wir sind völlig fertig. Wo warst du? Wir haben uns solche Sorgen gemacht!" Diese Aussagen fallen immer und immer wieder in einer Familie nach der anderen, zwischen 11.00 Uhr und 2.00 Uhr nachts, auf der ganzen Welt! Jesus erinnerte sie ganz ruhig daran, dass er jetzt unabhängig war.

Der nächste Vers ist bemerkenswert: „Dann kehrte Jesus mit seinen Eltern nach Nazareth zurück, und er war ihnen gehorsam." Obwohl er seine Unabhängigkeit betonte, erwies er ihnen immer noch Respekt. Es ist ein außergewöhnlicher Vers. Das Ergebnis: Jesus nahm an Weisheit zu. Er hatte Gunst bei Gott und Menschen. Er hatte gute Beziehungen zu seinem himmlischen Vater und zu Menschen. Jene, die rebellieren wollen und sagen: „Ich gehe meine eigenen Wege, sobald ich hier rauskomme", sind normalerweise nicht die Menschen, die gute Beziehungen mit Gott und Menschen genießen.

Wir betrachten nun die dritte Phase, als Jesus am Kreuz starb. Er ist erst 33 Jahre alt, doch als er vom Kreuz herabblickt, sieht er eine Mutter, die einen Sohn verlieren wird. Josef ist bereits

## VATER UND MUTTER EHREN

gestorben; Maria ist Witwe. Eines der letzten Dinge, die der Sohn Gottes tat, in all seiner Qual, als er vollkommen von seinem eigenen Schmerz hätte eingenommen sein können, war, für seine Mutter zu sorgen. Er veranlasste, dass Johannes sie zu sich nahm. Wenn irgendjemand seinen Vater und seine Mutter geehrt hat, dann war es Jesus. Wie in allem anderen auch, war er unser perfektes Vorbild. Wir sind berufen, ihm zu folgen und seinem Leben durch uns Ausdruck zu verleihen.

Ich glaube, dieses Gesetz gilt sowohl für Eltern als auch für Kinder. Wenn es den Kindern aufträgt: „Ehrt eure Eltern...", impliziert es Fragen an die Eltern: Seid ihr ehrwürdige Eltern? Macht ihr es euren Kindern schwer, euch zu ehren? Macht ihr es ihnen leicht, euch zu verachten und auf euch herabzuschauen? Denn die andere Seite der Medaille ist, dass Eltern sich ehrwürdig verhalten sollten. Was bedeutet das für jede dieser drei Phasen? Es bedeutet erstens, dass sie weise und vernünftige Entscheidungen treffen, sodass die Kinder die aufgestellten Regeln beachten. Sie sollten sich auf ein Minimum beschränken, doch das Verständnis „wie wir uns in dieser Familie verhalten" sollte auf ehrwürdigen Entscheidungen beruhen, nicht auf dummen oder willkürlichen Entschlüssen und nicht auf Entscheidungen, die dem Kind kein Verständnis entgegenbringen. Wenn das Kind die Eltern in Form von Gehorsam ehren soll, dann habe ich weise zu sein, was ich im Gehorsam von ihm verlangen kann. In dieser Phase bedeutet die „Ehrwürdigkeit" der Eltern, verantwortungsbewusst zu handeln.

Die zweite Phase ist vielleicht für christliche Eltern sogar schwieriger als für andere. Es geht darum zu lernen, wann man sein Kind loslässt, wann man ihm erlaubt, unabhängig zu sein. Sie werden sich ihren Respekt und ihre Höflichkeit erhalten, wenn Sie sie gehen lassen, statt zu versuchen, sie als Ihr Kind an sich zu binden. An einem bestimmten Punkt sollten Sie verstehen, dass sie nun als Erwachsene zu behandeln sind.

Ich will Ihnen eine kleine Geschichte erzählen. Ich erinnere mich, dass ich als junger Teenager an einem Sonntagnachmittag von der Sonntagsschule nach Hause kam. Ich verkündete meine Eltern unverblümt, energisch, defensiv und aggressiv: „Ich werde nicht mehr in die Sonntagsschule gehen." Dann maß ich mit meinen Augen den Abstand zur Tür und wartete.

Meine Mutter hob den Kopf und sagte: „In Ordnung" und

## DIE GEBRAUCHSANWEISUNG DES SCHÖPFERS

vertiefte sich wieder in das Buch, das sie gerade las. Psychologisch war das einfach perfekt. Sie ließ einfach den Ballon meiner Rebellion zerplatzen.

Ich dachte mir: „Das war ja überhaupt kein Kampf." Dann sagte sie: „Es gibt eine gute Jugendgruppe, die sich Sonntagabends trifft – das wird dir bestimmt Spaß machen. Geh doch dorthin", was ich auch tat. Ich danke Gott, dass wir keinen Streit hatten, sondern dass sie ganz ruhig sagte: „In Ordnung" und mich in die richtige Richtung lenkte.

Es geht um die Bereitschaft, es anzuerkennen, wenn Ihr Kind Ihnen sagt: „Ich versuche jetzt, meine eigenen Entscheidungen zu treffen. Ich will erwachsen sein." Manchmal sagen sie es etwas zu früh und sie stehen unter Druck, es zu früh zu tun. Doch ein weiser Elternteil weiß, wann die Zeit gekommen ist, zu sagen: „In Ordnung, jetzt triffst du die Entscheidungen" und sich den Respekt und die Höflichkeit zu erhalten. Viel besser als zu sagen: „Ich werde dich so lange an mich binden, wie ich kann, und so lange du deine Füße unter unseren Tisch steckst, bestimme ich." Wenn die Kinder dann das Haus verlassen, verlassen sie auch die Familie. Sie kommen nicht zurück, um sich Rat zu holen; sie kommen nicht zurück, um die Sache nochmal zu besprechen. Es ist sehr einfach für mich, Ratschläge zu erteilen! Wie bei dem Mann, der sechs Theorien hatte, wie man Kinder erzieht, die er unverblümt zum Besten gab – bis er selbst sechs Kinder hatte, damit waren seine Erziehungsvorträge vorbei.

Eines der erstaunlichsten Beispiele elterlicher Weisheit scheint mir folgender biblischer Bericht zu sein:

Eines Tages kam ein junger Mann zu seinem Vater und sagte: „Gib mir Geld, ich will fortgehen." Der Vater teilte seinen Besitz unter ihnen auf. Ist Ihnen das jemals aufgefallen? Was für ein Vater! Er sagte nicht: „Ich weiß genau, dass du dieses Geld ausgeben wirst, und du wirst von mir keinen Cent erhalten, bis ich im Grab liege." Das wäre eine typische Reaktion gewesen, doch er teilte seinen Besitz unter ihnen auf und sah traurig zu, wie sein Junge mit dem Geld verschwand. Dabei wusste er sehr wohl, dass er bald mittellos dastehen würde – schließlich kannte er diesen Jungen. Doch er zog es vor, dass er, wenn auch pleite, zurückkam, an einen Ort, von dem er wusste, dass es dort Liebe und Unterstützung gab, statt ihn an das Haus zu binden.

## VATER UND MUTTER EHREN

Die dritte Phase wird eintreten, wenn Sie die Unterstützung Ihrer Kinder benötigen und von ihnen abhängig werden. Das ist wirklich schwierig. Sie müssen da Ihren Stolz herunterschlucken. Ich weiß noch, wie mein Vater zu mir sagte, als ich ein Kind war: „Eines Tages werde ich auf dem Beifahrersitz sitzen, und du wirst mich fahren."

Ich antwortete: „Oh nein, Papi, dann wirst du schon längst tot sein." (Immerhin war er mindestens 40 Jahre alt und stand in meinen Augen mit einem Bein im Grab und mit dem anderen auf einer Bananenschale!). Hilfe von denen empfangen zu können, die Sie selbst in die Welt gebracht haben, mag nicht einfach sein. Doch es ist wohl die richtige Art und Weise, Ehre zu empfangen.

Es gibt also zwei Seiten: zu ehren und ehrwürdig zu sein. Wenn diese beiden Seiten nicht zusammenkommen, gibt es echte Probleme. Lassen Sie mich ein Problem erwähnen: Wie verhält es sich, wenn das Kind Christ ist und ein Elternteil ist es nicht? Mir fällt auf, dass dieses Gebot unter keiner Bedingung steht. Es heißt dort nicht: „Ehre deinen Vater und deine Mutter, wenn sie gute Eltern sind" oder „wenn sie ehrwürdig sind." Dort heißt es: Ehre sie, wie auch immer sie sind. Es gibt keine Bedingungen oder Qualifikationen. Warum? Gibt es dafür einen guten Grund? Ich möchte das mit der Frage beantworten, auf welcher Seite der Gebote dieses hier steht. Ein jüdisches Kind lernt die Gebote an seinen beiden Händen: Keine anderen Götter; keine Götzenbilder; ehre seinen Namen; halte den Sabbat; ehre Vater und Mutter; nicht töten; nicht ehebrechen; nicht stehlen, kein falsches Zeugnis geben; nicht begehren. Ist Ihnen aufgefallen, auf welcher Seite dieses Gebot steht? Man hat gesagt: „Etwas stimmt hier nicht; es gehört wirklich zu den Beziehungen zu Menschen, nicht zur Beziehung zu Gott. Es ist hinübergerutscht. Es sollte in der zweiten Hälfte stehen, doch vielleicht hat Gott gedacht, sechs Gebote für Menschen und vier für ihn selbst."

Tatsächlich gibt es einen sehr guten Grund, warum es in der ersten Hälfte steht. Das Ehren Ihrer Eltern ist ein wichtiger Bestandteil Ihrer Beziehung zu Gott. Sie sollten zuerst eine Haltung der Abhängigkeit, der Liebe, des Vertrauens und des Gehorsams gegenüber Ihren Eltern erlernen. Menschen, die Ihre Eltern geehrt haben, werden es viel einfacher finden, Gott zu verehren. Sie werden ihre Beziehung zu ihm viel leichter verstehen.

# DIE GEBRAUCHSANWEISUNG DES SCHÖPFERS

Ich sage, ehren Sie immer Ihre Eltern, wie sie auch sein mögen, weil Sie sich selbst damit einen Gefallen tun. Sie erlernen eine Haltung, die Sie gegenüber Gott am meisten segnen wird. Wir ehren sie, damit wir Gott verehren können. Das bedeutet natürlich nicht, das Falsche zu tun, wenn es um Gewissensfragen geht.

Was die Rolle von Vater und Mutter betrifft, können sie dem Kind gemeinsam ein Bild von Gerechtigkeit und Gnade vermitteln. Das wird dem Kind Gottes Persönlichkeit näherbringen.

In einem Jugendclub, den ich besuchte, sagte mir der Leiter, bevor ich zu den Jugendlichen sprach: „Was auch immer Sie sagen, erwähnen Sie weder das Wort ‚Vater' noch das Wort ‚Liebe', nicht hier."

Natürlich lief ich direkt in die Falle. Mir gelang es, „Vater" zu vermeiden, doch ich erwähnte das Wort „Liebe", und ein Mädchen in der ersten Reihe machte eine obszöne Geste in meine Richtung. Mir wurde klar, dass ich einen groben Fehler gemacht hatte.

Erstaunlich, das Wort „Vater" nicht gebrauchen zu können. Sie hatten kein Konzept von Gott, das sie aus ihrem bisherigen Leben ableiten konnten. Das lag in den meisten Fällen daran, dass der Vater nicht ehrwürdig war. Vielleicht wussten sie nicht einmal, wer er war.

Eltern zu ehren kann uns dazu führen, Gott zu verehren. Der natürliche Weg des Lebens sieht in Gottes Plan so aus, dass wir Beziehungen zu Hause erlernen und dann dasselbe Verständnis von Liebe, Vertrauen und Respekt durch Jesus Christus auf unseren himmlischen Vater anwenden.

Gott zu verlassen führt zur Nichtachtung der Eltern. Warum bricht das Familienleben auseinander? Warum bekommen so viele Jugendliche so große Probleme? Warum stoßen wir so oft auf eine Haltung der Rebellion? Weil wir Gott über so viele Generationen hinweg außen vor gelassen haben. Wir sind mittlerweile Generationen von Gott entfernt. Sie verfolgen einen Familienstammbaum zurück und finden Generationen zuvor einen frommen Mann oder eine fromme Frau, die einen tiefgreifenden Einfluss auf diese Linie ausgeübt hat, doch jetzt haben sich die Nachkommen von Gott entfernt. Kein Wunder, dass Eltern, die christliche Werte aus „zweiter Hand" übernommen haben, es unmöglich finden, sie an ihre Kinder weiterzugeben.

## VATER UND MUTTER EHREN

Sie versuchen, die Frucht ohne die Wurzel weiterzuvermitteln, was nicht funktioniert. Ihnen geht das christliche „Kapital" aus. Doch spannenderweise finden Vertreter der jungen Generation wieder zu Gott. Es gibt Menschen, deren Teenager sie in die Gemeinde gebracht haben. Ein kleines Mädchen kletterte auf den Schoss ihres Vaters und fragte: „Papi, wann kommst du mit in die Gemeinde?" Gott sei Dank gibt es Menschen, die in der Lage sein werden, Glauben weiterzugeben und ihren Kindern die Art von Beziehung zeigen können, die man entwickeln kann. Darin ist Gott zu lieben keine Pflicht, sondern eine Freude. Sonntag ist ein schöner Tag mit inspirierenden Gottesdiensten voller Liebe.

Das ist begeisternd, doch das Gegenteil ist genauso wahr. In Römer 1 erfahren Sie Folgendes: Wenn Menschen Gott aufgeben, dann gibt er die Menschen auf. Tut er das, folgt daraus Ungehorsam gegenüber den Eltern, unter vielen anderen widerlichen Dingen, die dort aufgelistet sind. Diese Verse lesen sich wie ein Polizeibericht. Sie müssen nicht lange nach der Erklärung suchen, warum das Familienleben in England zusammengebrochen ist. Früher heiratete man in der Kirche, dann fragte man: „Warum kirchlich heiraten?" Dann lautete die Frage: „Warum überhaupt heiraten?" Früher fragte man: „Wozu religiös sein?" Jetzt fragt man: „Wozu anständig sein?" Das ist kein Zufall. Verlieren Sie Gott, so verlieren Sie den Anstand. Verlieren Sie Gott, dann verlieren Sie diese Werte, die Sie dann auch nicht weitergeben können. Selbst wenn sie Ihnen aus zweiter Hand von Ihren Großeltern weitergegeben wurden und Sie ein einigermaßen anständiges Leben führen, wundern Sie sich, warum das bei Ihren Kindern nicht so ist. Die Antwort lautet: Sie konnten ihnen nichts weitergeben. Sie haben Werte aus zweiter Hand empfangen und Sie haben Gott nicht.

Glauben Sie ja nicht, dass Sie als Eltern Anstand weitergeben können, ohne Gott zu kennen. „Ehre Vater und Mutter" steht im Kontext des Volkes Gottes – Väter und Mütter, die an Gott glauben, von ihm erlöst worden sind und von Gott aus der Sklaverei befreit wurden. In diesem Kontext sagt Gott zu den Kindern: „Ehre deinen Vater und deine Mutter."

Was ist die Belohnung? Im Alten Testament erklärte Gott, du wirst ein langes, gutes Leben im Land verbringen. Diese Verheißung zieht sich nicht bis ins Neue Testament durch. Es

## DIE GEBRAUCHSANWEISUNG DES SCHÖPFERS

gibt keine Garantie, dass Sie in Ihrem Land bleiben und lange leben werden, weil Sie Ihre Eltern geehrt haben. Doch Paulus weist im Epheserbrief darauf hin, dass dieses Gebot als erstes eine Verheißung enthält. Daher hält Gott einen besonderen Segen für die bereit, die es halten. Zweifellos ist jede Familie gesegnet, in der dieses Gebot beachtet wird.

# 6

# Nicht morden

Bei den folgenden zwei Bibeltexten gehören Sie zu den Geschworenen und erörtern die Frage: War das Mord? Der erste Text stammt aus dem Buch der Richter. Es ist der Bericht über eine Schlacht zwischen dem Volk Israel und den Truppen Siseras, der mit König Jabin von Hazor verbündet war. Gemeinsam griffen sie die Israeliten an. Barak, der Anführer der Israeliten, verfügte nur über 10 000 Männer. Sie befanden sich auf dem Berg Tabor und schauten in die Jesreel-Ebene hinab, wo es Sumpfgebiete gab. Sie hatten nur Fußsoldaten, während ihre Gegner 900 eiserne Kriegswagen zusammengezogen hatten, die modernsten Waffen der damaligen Zeit.

Ich weiß noch, wie ich einmal mit einem modernen, jungen Israeli auf dem Berg Tabor stand. Er beschrieb mir diese Schlacht und identifizierte sich so stark damit, dass ich während seines Vortrages den Eindruck hatte, er wäre dabei gewesen. Er sagte: „Unsere Truppen standen hier, und die Feinde standen dort unten. Wir drängten in diese Richtung hinab, und sie flohen Richtung Karmel." Nach all diesen Jahren war die Schlacht immer noch lebendig; er identifizierte sich damit. Damals geschah Folgendes:

> Da stürmte Barak mit seinen 10.000 Soldaten vom Berg Tabor herab. Als sie mit dem Schwert in der Hand angriffen, ließ der HERR das ganze Heer der Kanaaniter in Panik geraten. Sisera sprang vom Wagen und floh zu Fuß. Baraks Männer verfolgten die fliehenden Truppen und ihre Wagen bis nach Haroschet-Gojim. Sie töteten alle Soldaten, nicht einer kam mit dem Leben davon. Sisera floh zu Fuß zum Zelt von Jaël, der Frau des Keniters Heber. Denn zwischen Heber und Jabin, dem

## DIE GEBRAUCHSANWEISUNG DES SCHÖPFERS

König von Hazor, herrschte Frieden. Jaël trat aus dem Zelt, lief Sisera entgegen und rief: „Komm herein, mein Herr! Hier bist du sicher!" Da ging er in ihr Zelt und legte sich hin. Jaël deckte ihn zu. „Gib mir bitte etwas Wasser", sagte er, „ich habe Durst." Jaël öffnete den Milchschlauch und ließ Sisera trinken. Dann deckte sie ihn wieder zu. „Stell dich an den Eingang!", bat er sie. „Wenn einer kommt und fragt, ob jemand im Zelt ist, sag Nein!" Erschöpft fiel er in einen tiefen Schlaf. Jaël nahm einen Zeltpflock und einen Hammer, schlich sich an Sisera heran und schlug den Pflock durch seine Schläfen in den Boden. So starb er. Kurz darauf traf Barak ein, der Sisera verfolgte. Jaël ging ihm entgegen und sagte: „Komm, ich will dir den Mann zeigen, den du suchst." Barak trat in das Zelt und sah Sisera mit dem Zeltpflock in der Schläfe tot am Boden liegen. An diesem Tag fügte Gott dem Kanaaniterkönig Jabin durch die Israeliten eine beschämende Niederlage zu. Danach gewannen sie immer mehr Macht über Jabin, und schließlich vernichteten sie ihn ganz.

*Richter 4,14b-22*

War das Mord? Betrachten wir nun die Apostelgeschichte, und wieder stellen wir dieselbe Frage.

Alle, die zum Glauben an Jesus gefunden hatten, waren ein Herz und eine Seele. Niemand betrachtete sein Eigentum als privaten Besitz, sondern alles gehörte ihnen gemeinsam. Mit großer Überzeugungskraft berichteten die Apostel von der Auferstehung des Herrn Jesus, und alle erlebten Gottes Güte. Keiner der Gläubigen musste Not leiden. Denn wenn es an irgendetwas fehlte, war jeder gerne bereit, Häuser oder Äcker zu verkaufen und das Geld den Aposteln zu übergeben. Die verteilten es an die Bedürftigen. Josef, ein Levit aus Zypern, gehörte auch zu denen, die ihr Hab und Gut zur Verfügung stellten. Die Apostel nannten ihn Barnabas, das heißt übersetzt: „der anderen Mut macht". Er verkaufte seinen Acker und überreichte das Geld den Aposteln. Ein Mann namens Hananias verkaufte zusammen mit seiner Frau Saphira ein Grundstück. Hananias beschloss, heimlich einen Teil des Geldes für sich zu behalten, wovon auch seine Frau wusste. Den Rest brachte er zu den Aposteln. Aber Petrus durchschaute ihn. „Hananias",

## NICHT MORDEN

fragte er, „warum hast du es zugelassen, dass der Satan von dir Besitz ergreift? Warum hast du den Heiligen Geist belogen und einen Teil des Geldes unterschlagen? Niemand hat dich gezwungen, das Land zu verkaufen. Es war dein Eigentum. Und auch nach dem Verkauf hättest du das Geld behalten können. Wie konntest du dich nur auf so etwas einlassen! Du hast nicht Menschen belogen, sondern Gott selbst." Nach diesen Worten brach Hananias tot zusammen. Alle, die davon hörten, waren entsetzt. Einige junge Männer hüllten den Toten in ein Tuch ein und trugen ihn hinaus, um ihn zu begraben. Etwa drei Stunden später kam seine Frau Saphira. Sie wusste noch nicht, was geschehen war. Petrus fragte sie: „Ist das hier die ganze Summe, die ihr für euren Acker bekommen habt?" „Ja", antwortete sie, „das ist alles." Da erwiderte Petrus: „Warum habt ihr beiden beschlossen, den Geist des Herrn herauszufordern? Sieh doch, die Männer, die deinen Mann begraben haben, kommen gerade zurück. Sie werden auch dich hinaustragen." Im selben Augenblick fiel Saphira vor ihm tot zu Boden. Als die jungen Männer hereinkamen und sahen, dass sie tot war, trugen sie Saphira hinaus und begruben sie neben ihrem Mann. Die ganze Gemeinde aber und alle, die davon hörten, erschraken zutiefst.

*Apostelgeschichte 4,32–5,11*

Das sechste Gebot ist das erste der zweiten Gruppe, die sich um Beziehungen zwischen Menschen dreht, während die erste Gruppe der Gebote die Beziehung zwischen Gott und Mensch betrifft. Der erste und wichtigste Grundsatz, an den wir in unseren Beziehungen untereinander denken sollen, ist der Respekt vor der Unverletzlichkeit menschlichen Lebens. Alle anderen Gebote in der zweiten Gruppe ergeben sich aus diesem Gebot.

Versuchen wir, es zu verstehen und anzuwenden, stoßen wir auf große Schwierigkeiten. Dr. Albert Schweitzer legte dieses Gebot sehr weit aus. Eines Tages, als er den Fluss nahe Lambarene, seiner Missionsstation in Afrika, hinaufpaddelte, dachte er über das Leben nach und versuchte, seine Bedeutung zu ergründen. Ein Gedankenblitz durchzuckte ihn, der aus einem kurzen Begriff bestand: „Ehrfurcht vor dem Leben". Dieser Begriff wurde später zum Grundstein für seine gesamte Philosophie und sein Verhalten.

Er wurde darin so extrem, dass er zögerte, Ungeziefer und

## DIE GEBRAUCHSANWEISUNG DES SCHÖPFERS

Insekten im Umfeld seines Krankenhauses in Lambarene zu töten, was für den Rest seiner Mitarbeiter zu beträchtlichen Problemen führte und sie in große Verlegenheit brachte. Er glaubte, „Du sollst nicht töten" beziehe sich auf jede Form des Lebens, und dass wir nur Gottes Absichten für uns erfüllen könnten, wenn wir das gesamte Leben ehrten – eine Ansicht, die verdächtige Ähnlichkeiten mit dem buddhistischen Denken aufweist. Diese Haltung verbreitet sich immer mehr, ich beobachtete sie bei einem Besuch der Universität von Sussex, wo eine Gruppe von Studenten mich bat, eine Petition zu unterschreiben. Sie wollten das Leben eines Baumes retten, der gefällt werden sollte, um der neuen Bibliothek Platz zu machen. Sie handelten nach diesem Prinzip: Der Baum ist etwas Lebendiges – wir müssen das Leben ehren und dürfen ihn nicht zerstören.

Allerdings glaube ich nicht, dass sich dieses Gebot auf das Leben von Pflanzen und Tieren bezieht. Schneiden wir ein paar Blumen ab, so töten wir sie gewissermaßen – nach ein paar Tagen sind sie verblüht. Wir haben zweifelsohne ihr Ende beschleunigt. Nennen Sie es Pflanzen-Euthanasie, wenn Sie wollen! Ich glaube auch nicht, dass es bei diesem Gebot um Tiere geht, und zwar aus vielen Gründen. Aus dem Alten Testament geht ziemlich offensichtlich hervor, dass Gott kein Verfechter der vegetarischen Lebensweise ist. Im Neuen Testament wird auch deutlich, dass unser Herr viele hundert Schweine opferte, um die geistige Gesundheit eines Mannes zu retten. Daher glaube ich nicht, dass es hier um das Leben von Pflanzen und Tieren geht.

Doch wie steht es nun um die Ehrfurcht vor dem menschlichen Leben – wie weit ist sie auszulegen? Es gibt drei Diskussionspunkte. Mord geschieht, wenn eine Person beschließt, eine andere zu töten. Interessanterweise beginnt das Gebot mit einem Wort in der Einzahl, nicht mit einem Begriff in der Mehrzahl. Es richtet sich nicht an Gesellschaften oder Gruppen; es besagt, *du* als Einzelperson sollst keine andere Einzelperson töten, daher betrifft der Hauptanwendungsfall eindeutig persönlich verübten Totschlag.

Eine Frage, bei der sich aufrichtige Christen nicht einig sind, obwohl es eine Mehrheitsmeinung gibt, betrifft das, was ich „gemeinschaftliche Tötung" nennen würde, bei der eine Gruppe von Personen einem Menschen das Leben nimmt. Ein Anwendungsfall ist die Todesstrafe, bei der die Regierung diese Verantwortung übernimmt, unabhängig davon, wer sie ausführt. Ein anderer Fall ist die vieldiskutierte Frage des Krieges, ob es sich dabei überhaupt um eine zulässige Form der Konfliktlösung handelt. Schließlich gibt es medizinische Tötung. Die beiden Fragen, die sich hier herauskristallisieren, sind Abtreibung und Euthanasie. Es gibt die Einstellung medizinischer Behandlung, sodass die betreffende Person eines natürlichen Todes stirbt. Doch in den letzten Jahren ist in manchen Ländern absichtliche Tötung dazugekommen, „freiwillige Euthanasie". Dabei geht es nicht um die Linderung von Schmerzen, sondern um die vorsätzliche und geplante Beendigung von Leben durch Tötung in einer *Klinik*.

Ich habe schon vor vielen Jahren vorausgesagt, dass es nicht lange dauern würde, bis Euthanasie in unserem Land vorkommt. Es ist ein aktuelles Thema in Europa, und es kann sehr leicht geschehen, dass Sie mit Ihrem Arzt darüber plaudern, was nun mit ihrer lieben alten Mutter geschehen soll.

Es gibt drei möglich Herangehensweisen an diese Art der Diskussion. Eine davon, die ich den *sentimentalen* Ansatz nennen werde, fragt schlicht und einfach: „Was sind meine Gefühle zu diesem Thema?" Leider verfolgen viele Menschen diesen Ansatz, und er führt zu einigen sehr merkwürdigen Schlussfolgerungen. Ich bin beispielsweise gefragt worden: „Könnten Sie sich vorstellen, dass Jesus einen Knopf drückt und dadurch eine Bombe zündet?" Meine Antwort lautet: Diese Frage appelliert an meine Gefühle, doch wenn ich gedanklich ehrlich bin und mich den Fakten stelle – genau so präsentiert das Neue Testament Jesus. Sie lesen in den Anfangskapiteln der Offenbarung, dass der gesamte Himmel fragt: „Wer ist würdig, die Schriftrolle zu öffnen und das in Gang zu setzen, was darin geschrieben steht?" Uns wird gesagt, Jesus sei es, der vortritt und Plagen und Tragödien auf der Erde freisetzt, die es in der Menschheitsgeschichte noch nie gegeben hat. Während Ihre Gefühle sagen mögen: „Ich kann mir nicht vorstellen, dass Jesus das tut", erklärt die Bibel, er werde genau so handeln. Ein Appell an Ihre Gefühle könnte lauten: Wie würden Sie sich fühlen, wenn Sie den Knopf an einem elektrischen Stuhl bedienen müssten? Ich würde mich furchtbar fühlen, doch das beantwortet nicht die zugrundeliegende Frage. Der sentimentale Ansatz sagt also: „Meine Gefühle sollten mich leiten oder meine Gefühle gegenüber anderen Menschen sollten mich führen". Ich denke,

# DIE GEBRAUCHSANWEISUNG DES SCHÖPFERS

das ist die falsche Herangehensweise.

Die zweite Methode ist das, was ich den *sozialen* Ansatz nennen werde. Damit meine ich, bei Ihrer Denkweise vom Zeitgeist beeinflusst zu werden. Wir haben miterlebt, wie die Unantastbarkeit des menschlichen Lebens immer mehr abgenommen hat. Wir haben gesehen, wie das Leben billig geworden ist – es ist kein Zufall, dass sich nach der Abschaffung der Todesstrafe Abtreibung weit verbreitet hat und die Gewalt zunimmt. Jedes dieser Phänomene, obwohl es zunächst widersprüchlich erscheinen mag, wird möglich, weil die Unantastbarkeit des menschlichen Lebens verringert worden ist. Ich weiß, dass die Abschaffung der Todesstrafe im Namen der Erhaltung menschlichen Lebens erfolgt ist, doch ich glaube allen Ernstes, dass es genau den gegenteiligen Effekt bewirkt hat. Wir lernen gerade auf die harte Tour, dass wir einen Fehler gemacht haben.

Unabhängig von diesem speziellen Problem nimmt der allgemeine Wert, der menschlichem Leben zugeschrieben wird, ab. Ein Grund dafür ist, dass die Massenmedien ständig vermitteln, menschliches Leben sei billig. Sie sehen Leichen herumliegen, sie sehen, wie Menschen durch Bomben getötet werden, und Sie essen einfach weiter, während Sie zuschauen. Das hat eine sehr subtile und gefährliche Auswirkung auf unser Denken. Sie können jetzt Gewalt anschauen, ohne den Schrecken, den Sie früher spürten. Wir leben in einer Zeit, in der gewaltsame Angriffe auf menschliches Leben als gute Unterhaltung gelten, und Menschen bezahlen dafür, es sehen zu können.

In dieser Atmosphäre ist, da die Unantastbarkeit menschlichen Lebens abnimmt, alles möglich. Ich sage voraus, dass es bald Menschen geben wird, die genauso wenige Skrupel haben, ihre Großmutter zu töten, wie sie Hemmungen verspüren, ihren Lieblingshund einzuschläfern. Genau darauf bewegen wir uns zu. Es ist nur eine Frage der Zeit, bis Menschen einander wie Tiere behandeln. Ich gehe davon aus, dass Sie es emotional sehr mitgenommen hat, als Sie Ihren Hund einschläfern lassen mussten; dass Sie traurig waren, als sie nach Hause kamen und gleichzeitig überzeugt, es sei das Beste für den guten alten Bonzo gewesen...

Die Gesellschaft entfernt sich schnell von Gottes Denkweise. Daher werden eine Diskussion über die Todesstrafe oder Argumente gegen Euthanasie Ihnen sehr schnell den Vorwurf

## NICHT MORDEN

einbringen, altmodisch zu sein – auf Grundlage dieser furchtbaren Täuschung, die neuste Ansicht sei die beste, und dass Sie auf dem Weg durch unsere Gesellschaftsgeschichte immer erleuchteter, moderner und weitherziger werden; während das Festhalten an alten Ideen wirklich überholt sei.

Es gibt einen dritten Ansatz, die biblische Sichtweise, die danach fragt, *was Gottes Gefühle und Gedanken sind*. Ich nähere mich diesen Fragen aus dieser Perspektive. Dabei behaupte ich nicht, Gottes Einstellung zu manchen Dingen zu kennen. Die Bibel erwähnt weder Abtreibung noch Euthanasie. Daher müssen wir uns an Gottes Gedanken herantasten, doch er spricht sehr wohl über Krieg, Todesstrafe und Mord.

Betrachten wir nun die offensichtlichste Frage: Mord. Eine Person nimmt einer anderen Person absichtlich, bewusst, böswillig und gewollt das Leben. Gott hat unterschiedliche Einstellungen zu Mord und Totschlag. Die Bibel ist an diesem Punkt sehr klar. Daher bestimmte Gott in seiner Gnade sechs Zufluchtsstädte in Israel, in die ein Mann fliehen und einen fairen Prozess bekommen konnte, der *versehentlich* einen anderen ohne böswillige Absicht getötet hatte.

Was wir also jetzt erörtern, ist *Tötung in böswilliger Absicht*. Dabei muss die Absicht nicht lange im Voraus entstanden sein, denn für Mord gibt es zwei Kategorien: kaltblütig und heißblütig. Im ersten Fall wird die Tat lange vorher geplant, im zweiten Fall geht es gedanklich ganz schnell, doch beide Pläne entstehen vor der Tat und eine Person wird angegriffen mit der Absicht, sie zu töten. In beiden Fällen handelt es sich um Mord, der sich von fahrlässiger Tötung unterscheidet.

In der Bibel gibt es zwei interessante Feststellungen zum Thema Mord: Warum ist er verwerflich und wie soll er bestraft werden? Warum ist er verwerflich? Die humanistische Sicht hält Mord für falsch, weil es sich quasi um Diebstahl handle. Es ist Raub in seiner schlimmsten Form. Man nimmt einer Person ihr wertvollstes Gut. Jemandem sein Geld oder seinen Besitz zu rauben ist eine Sache, doch ein Leben zu nehmen ist die schlimmste Form des Diebstahls, denn es kann nicht wieder rückgängig gemacht werden.

Nehmen wir an, jemand hätte Sie gefragt (auch wenn es wahrscheinlich keine Frage ist, die Ihnen einfallen würde): *Warum ist es falsch, jemanden zu ermorden?* Die Bibel erwähnt den Raub eines Lebens nicht. Sie deutet nirgendwo an, dass Mord falsch

## DIE GEBRAUCHSANWEISUNG DES SCHÖPFERS

sein könnte, weil Sie einer anderen Person ihr Leben wegnehmen. Sie erwähnt nirgendwo, dass es falsch sei, weil Sie jemandem seinen wertvollsten Besitz stehlen. Auch, dass es nicht wieder rückgängig gemacht werden kann, ist kein Argument. Die Bibel sagt, Mord ist falsch, weil es sich um ein *Sakrileg* handelt. Was ist ein Sakrileg? Es bedeutet, Ihre Hand gegen etwas Heiliges zu erheben. Es ist schwerwiegend, einer Person ihr Leben zu rauben, den wertvollsten Besitz, den sie hat, etwas, das Sie ihr nie wieder zurückgeben können. Doch das Schlimmste am Mord ist, dass Sie sich *am Ebenbild Gottes vergreifen*. Sie tun das nicht einem menschlichen Wesen an, sondern Sie fügen es dem Ebenbild Gottes zu. Aus diesem Grund heißt es ganz am Anfang der Bibel, dass jemand, der das Blut eines anderen Menschen vergießt, Gott angreift, denn dieser Mensch wurde als Ebenbild Gottes geschaffen. Ein Tier ist nicht Gottes Ebenbild. Eine Blume, so schön sie auch sein mag, ist nicht Gottes Ebenbild. Doch jede menschliche Person, der Sie begegnen, ist nach dem Bild Gottes geschaffen. Das Bild mag entstellt und deformiert sein, es mag verdorben und befleckt sein, doch es ist immer noch vorhanden und könnte durch Gnade wiederhergestellt werden. Tasten Sie es an, so tasten Sie Gottes Bild an. Das ist ein völlig anderer Ansatz als humanistische Argumente.

Der zweite ungewöhnliche Punkt an der biblischen Sicht ist die Frage, wie Mord bestraft werden sollte. Wir gehen noch weiter zurück als die Zehn Gebote, noch weiter zurück als Abraham und landen bei Noah. Dort finden wir die einfache Aussage: „Wer Menschenblut vergießt, dessen Blut soll um des Menschen willen vergossen werden" (1. Mose 9,6; LUT). Da steht es also, und hier spricht nicht Noah, sondern Gott. Nachdem er selbst eine ganze Gesellschaft zerstört hat, sagt Gott damit: Noah, nach allem, was passiert ist, besteht die einzige Möglichkeit für Menschen, die Unantastbarkeit des Lebens zu gewährleisten, darin, Mörder mit dem Tod zu bestrafen. Das betrifft Mord, d.h. im Voraus geplante Tötung in böswilliger Absicht, und es zieht sich durch die gesamte Bibel.

Wer glaubt, einen Mörder zu töten sei falsch, weil man „Böses mit Bösem vergelte" und zweimal falsch nicht einmal richtig ergebe, hat noch nie 1. Mose 21,14 gelesen, wo Gott mit Mose immer noch über dasselbe Thema spricht und sagt: „Doch wer einen Menschen vorsätzlich und heimtückisch umbringt, der muss

# NICHT MORDEN

sterben. Selbst wenn er an meinem Altar Schutz sucht, sollt ihr ihn von dort wegholen und töten." Klarer geht es nicht.

Ich glaube, dies ist der entscheidende Punkt in der gesamten Diskussion. Wenn Sie einmal einräumen, dass die Todesstrafe Gottes Willen entsprach, dann haben Sie zugegeben, dass Gerechtigkeit sogar wichtiger ist als das menschliche Leben. Geben Sie das zu, dann haben Sie auch die Antwort auf alle Fragen, die ich im Rahmen der „sozial begründeten Tötung" aufgeworfen habe. Ist das menschliche Leben der höchste Wert auf der Skala und Gerechtigkeit kommt erst danach, dann würden Sie natürlich keinen Mörder töten. Doch wenn die Gerechtigkeit als Wert sogar höher steht als das menschliche Leben, dann würden Sie das tun. Ich sage Ihnen nun, dass Gerechtigkeit höher steht als das menschliche Leben, weil Gott gerecht ist. Nach diesem Prinzip handelte Gott von Anfang an, und er wird es bis zum Ende beibehalten.

Ist Ihnen bewusst, dass niemand sterben würden, wenn Gott nicht die Todesstrafe über uns ausgesprochen hätte? Der Tod ist kein normales, biologisches, wissenschaftliches Ereignis. Wissenschaftler werden Ihnen sagen, dass es in Ihrem Körper überhaupt keinen Grund gibt, aus dem Sie sterben müssten. Dennoch sterben Sie gerade jetzt. Die Zellen Ihres Körpers sterben, während Ihr Körper durch Nahrung, frische Luft und Ruhe diese Zellen durch neue Zellen ersetzt. Und Sie könnten problemlos so weitermachen. Ich beginne, diesen Kampf zu verlieren. Meine Zähne und meine Haare sagen es mir! Es gibt überhaupt keinen biologisch oder wissenschaftlich erwiesenen Grund, warum wir diesen Kampf verlieren sollten, wenn wir uns weiterhin ernähren, genügend an die frische Luft gehen und Sport treiben. Warum können wir nicht weiterhin unsere abgestorbenen Zellen ersetzen? Wir sind rein biologisch mit einer Uhr ausgestattet, die unsere Zeit ablaufen lässt, und laut der Bibel war diese Uhr nicht von Anfang an da – Gott hat sie eingesetzt als Todesstrafe für die Sünde. Der Tod ist ein unnatürliches Ereignis, und tief in unserem Herzen wissen wir das. Vom Tod des allerersten Menschen bis zum allerletzten, der Tod ist Gottes Strafe für die Sünde, so ist es schon immer gewesen. Für Gott ist Gerechtigkeit sogar wichtiger als menschliches Leben, weil er gerecht ist.

Die Römischen Behörden trugen als Symbol das Schwert, das zur Verteidigung des Reiches und zur Enthauptung von Kriminellen

## DIE GEBRAUCHSANWEISUNG DES SCHÖPFERS

verwendet wurde – dieses Symbol wird im Neuen Testament als Symbol eines Dienstes zur Ehre Gottes verwendet, der jene, die Böses tun, zurückhält und bestraft. Wenn Sie mir sagen, dass die Todesstrafe die Verbrecher nicht bessert, stimme ich Ihnen zu. Wenn Sie mir sagen, dass sie andere Mörder nicht abschreckt, stimme ich Ihnen auch zu. Doch um diese Punkte geht es überhaupt nicht. Es geht um die Unantastbarkeit menschlichen Lebens – um die Heiligkeit des Ebenbildes Gottes im Menschen, das angegriffen wird, und die Gerechtigkeit ist als höherer Wert einzuordnen.

Gesteht man sich das ein, folgt daraus alles andere. Christen haben noch nie geglaubt, dass jeder Krieg richtig ist. Die Mehrheit der Christen hat auch noch nie geglaubt, dass alle Kriege falsch waren. Der schwierigere Mittelweg ist der Weg, den das Volk Gottes im Alten Testament beschreiten musste. Gott machte deutlich, dass es in manchen Situationen Krieg geben musste, um der Gerechtigkeit zu genügen. Zu anderen Gelegenheiten stürzten sie sich in einen Krieg, und Gott erklärte ihnen, dass es sich um keinen gerechten Angriff handelte und dass sie nicht gewinnen, sondern leiden würden. Gott sagte ihnen nicht, Krieg sei grundsätzlich richtig oder falsch. Gott erklärte ihnen, Gerechtigkeit sei das oberste Ziel und manchmal könnte es notwendig sein, das letzte Mittel der physischen Gewalt anzuwenden, um die Gerechtigkeit aufrechtzuerhalten. Genau das tut Gott in der gesamten Bibel.

Aus diesem Grund sagte Paulus, als er aufgrund falscher Anschuldigungen, die seinen Tod bedeutet hätten (wenn sie begründet gewesen wären), auf der Anklagebank saß, Folgendes: „Ich weigere mich nicht zu sterben, wenn ich schuldig bin..." Das sagt der heilige Paulus. Eine ziemlich starke Aussage vom führenden christlichen Theologen und Denker des ersten Jahrhunderts! Daraus folgt eine spannende Frage: Wenn man davon ausgeht, dass die Todesstrafe in der menschlichen Gesellschaft notwendig ist, sollten Christen sie verhängen? Sollten sie das nicht Ungläubigen überlassen? Offen gesagt halte ich es für eine feige Ausflucht, die sich aus der Bibel nicht begründen lässt. Christen sind Bürger zweier Königreiche, eines irdischen und eines himmlischen Reiches, und die Bibel lehrt, dass man gegenüber beiden verantwortlich ist. Sie können sich nicht Ihrer irdischen Verpflichtungen entziehen, weil Sie jetzt zum Himmel gehören. Es ist wahr, dass Sie niemals physische Gewalt im Dienst des Himmelreichs gebrauchen sollten. Jesus sagte

# NICHT MORDEN

zu Pilatus: „Mein Reich ist nicht von dieser Welt, anderenfalls würden meine Diener kämpfen." Das Problem besteht darin, dass wir immer noch zu beiden gehören, und wir müssen dem Kaiser geben, was des Kaisers ist, sowie Gott das geben, was Gott gehört. Die einfache Lösung besteht darin, zum Militär zu gehen und in jedem Krieg zu kämpfen, der uns befohlen wird. Der schwierigere Weg ist der, aus Gewissensgründen den Militärdienst zu verweigern oder nur Sanitätsdienst zu leisten oder auf einem Bauernhof zu dienen – oder, wie im Ersten Weltkrieg, für Ihre Überzeugungen ins Gefängnis zu gehen. Am schwierigsten ist es, bereit zu sein zu kämpfen, wenn die Gerechtigkeit es verlangt, und davon Abstand zu nehmen, wenn es sich um eine ungerechte Sache handelt.

Als Kaplan der Königlichen Luftwaffe wurde ich bei einem Problem während der Suezkrise hinzugezogen. Zur damaligen Zeit war ich im Nahen Osten stationiert. Als Militärgeistlicher hatte ich es leicht, weil ich nicht kämpfen musste. Man hätte mir niemals das Kämpfen befohlen, tatsächlich war es mir verboten, eine Waffe zu bedienen. Hätte uns der Feind erwischt, wäre ich wahrscheinlich als erster gefangengenommen worden. Ich war also außen vor. Militärgeistliche unterstehen nicht den Verhaltensregeln der Truppe. Sie sind nur für die geistliche Betreuung der Männer zuständig. Doch die Soldaten waren mittendrin, und zur Zeit der Suezkrise weigerte sich ein Mann, mit einem Canberra Kampfflugzeug abzuheben, um den Suezkanal zu bombardieren, weil er sagte: „Das ist nicht gerecht." Das hatte Auswirkungen auf die gesamte Truppe, und ich beriet die Männer seelsorgerlich. In vielen Kriegen gibt es derartige Probleme.

Jetzt wenden wir uns der Medizin zu, von „gerechtfertigten Tötungen", wie ich sie nennen würde, die meiner Ansicht nach biblisch begründbar sind, zur sogenannten Sterbehilfe. Wir müssen diese Frage ganz direkt angehen, und ich kann Ihnen nur sagen, dass ich nach meinem biblischen Verständnis das Recht, das Leben eines Menschen zu verkürzen, nicht begründen kann. Ich weiß, dass wir medizinische Methoden entdeckt haben, um Menschen länger am Leben zu erhalten, doch der langfristige Effekt weitverbreiteter Euthanasie erschreckt mich zu Tode. Denken Sie zunächst einmal an die Auswirkungen auf die Menschen selbst – haben nicht die meisten von uns Momente gehabt, da wir gehen

## DIE GEBRAUCHSANWEISUNG DES SCHÖPFERS

wollten, wenn wir ehrlich sind? Es gab Zeiten, als das Leben uns einfach zu viel wurde, und doch haben wir es irgendwie bewältigt und sind einfach dankbar, dass weder wir noch irgendjemand anderes uns gezwungen haben, diese Entscheidung zu treffen. Gleichzeitig erkannten wir, dass Gott noch Aufgaben für uns hatte. Wir sind alle schon ganz unten gewesen, manche mehr als andere. Auch die Auswirkung auf die Angehörigen macht mir schwer zu schaffen. Die typische Situation ist doch, dass ein wohlhabender Verwandter alt ist und sterben möchte. Gleichzeitig wird der Familie das Geld erst zufließen, wenn er stirbt. Dieser Druck, der dann entsteht, lässt mich erzittern. Was mir allerdings die größten Sorgen macht, sind die allgemeinen Auswirkungen auf die Gesellschaft als Ganzes, selbst wenn wir nur den Einzelfall betrachten und es vom Gefühl her sehr gut Gründe zu geben scheint, leidenden Menschen zu helfen. Dennoch wird der langfristige Effekt auf die Gesellschaft allgemein darin bestehen, den Wert des menschlichen Lebens herabzusetzen, sodass andere und noch schrecklichere Dinge folgen werden. Das ist meine persönliche Meinung. Ich kann sie nicht aus der Bibel begründen.

Als Fazit möchte ich Ihnen nahelegen, dass dieses Gebot meiner Ansicht nach uns alle betrifft. Ich werde Ihnen erklären, was Jesus zur Bedeutung dieses Gebots gesagt hat. Er lehrte, dass es mehr als eine Möglichkeit gebe, jemanden zu ermorden: Sie können Menschen durch *Gefühle*, durch *Gedanken* und durch *Worte* ermorden.

Die drei Fälle, die er erwähnte, waren *Zorn*, *Verachtung* und *Missbrauch*. Jesus sagte: „Wenn du ohne guten Grund auf jemanden zornig warst, bist du ein Mörder." Das sind Sie, und Ihnen droht das Feuer der Hölle, wenn Sie jemals grundlos auf jemanden zornig waren – ohne guten Grund. Wie viele von uns werden dadurch zu Mördern? Zorn ist emotionaler Mord. Sie haben jemandem den Tod gewünscht, und selbst wenn sich das nicht in Taten ausgedrückt hat, beweist die Tatsache, dass der Zorn vorhanden war, dass in Ihrem Herz das Potenzial eines Mörders schlummert.

Die zweite Art, jemanden zu ermorden, geschieht durch Gedanken, durch *Verachtung*. Wussten Sie, dass Jesus lehrte, Standesdünkel sei Mord? Jemanden zu verachten bedeutet, ihn zu zerstören. Auf eine Person herabzusehen, weil Sie größere finanzielle, soziale oder intellektuelle Möglichkeiten haben – das ist Mord; sie so zu behandeln, als ständen Sie über ihr. Warum ist das Mord? Weil Sie vergessen haben, dass diese Person als Ebenbild Gottes geschaffen wurde. Dieser Mann in der Gosse in seinen Lumpen ist nach dem Bilde Gottes gemacht, und wenn Sie ihn verachten, ermorden Sie ihn – das ist es, was Jesus lehrte. Die dritte Art ist *Missbrauch*. Haben Sie schon einmal jemanden als Idioten bezeichnet? Haben Sie jemanden einen Dummkopf genannt und damit gemeint: „Dir ist nicht mehr zu helfen. Du bist völlig inakzeptabel. Für dich gibt es keine Hoffnung." Sollten Sie das getan haben, haben Sie diese Person ermordet. Ist Ihnen das bewusst? Wenn Sie über eine einzige Person denken oder, noch schlimmer, sagen: „Dir ist nicht mehr zu helfen", dann haben Sie diesen Menschen ermordet, weil Sie das Ebenbild Gottes in ihm zerstört und gesagt haben: „Du kannst es nicht mehr wiederherstellen." Sie haben eine Person genommen, wie tief sie auch gesunken sein mag, und das Ebenbild Gottes, das in ihr ist, zerschlagen – ein Bild, das wiederhergestellt werden muss und kann – ohne die Absicht, es wiederherzustellen.

Ehrlich gesagt bin ich nach der Aussage Jesu ein Mörder. Wie die meisten anderen Menschen auch. Wir stehen als aufgeflogene Mörder da, nicht mit Waffen in unseren Händen, sondern mit Waffen in unseren Köpfen und Herzen und sogar auf unserer Zunge. Wenn Blicke töten könnten, haben wir getötet. Jesus starb am Kreuz und erduldete die Höchststrafe – er akzeptierte die Todesstrafe. Ein sterbender Verbrecher neben ihm sagte: „Wir empfangen die gerechte Strafe für unsere Taten." Er erkannte, dass es gerecht war, als er sterbend am Kreuz hing.

Jesus sagte nicht: „Nein, du liegst falsch. Ich bin gekommen, um die Todesstrafe abzuschaffen! Das ist eine barbarische Art, mit Schuld umzugehen!" Jesus sagte: „Heute wirst du mit mir im Paradies sein..." Damit sagte er eigentlich: Du hast die gerechte Strafe akzeptiert, jetzt begnadige ich dich. Jesus bezahlte die höchstmögliche Strafe, damit Mörder begnadigt wurden. Es gab einen Mörder, der einen Tag später auf den Straßen Jerusalems herumlief – in aller Freiheit. Sein Name war Barabbas. Wir können nicht nur auf Jesus am Kreuz zeigen und sagen: „Nur aufgrund der Gnade Gottes bin ich frei", sondern auch: „Nur aufgrund der Gnade Gottes ist er frei."

Jakobus schreibt in seinem Brief: „Du magst alle anderen

## DIE GEBRAUCHSANWEISUNG DES SCHÖPFERS

Gebote gehalten und nur dieses gebrochen haben: ‚Du sollst nicht töten.' Dadurch hast du sie alle gebrochen." Interessant, dass er dieses auswählte; Sie hätten bestimmt gedacht, jemand, der all die anderen gehalten hat, könnte dieses befolgen, es wäre das einfachste, doch jetzt wissen wir, dass dem nicht so ist. Nun ist uns bewusst, dass wir nicht immer die Unantastbarkeit menschlichen Lebens bewahrt haben, wie es richtig gewesen wäre, und dass wir Menschen in Gedanken, mit Worten und in unseren Gefühlen getötet haben, selbst wenn wir nie Hand an sie legten.

# 7

# Nicht ehebrechen

Hier kommt eine ziemlich traurige und schmutzige Geschichte über den besten König, den Israel je hatte.

Und als das Jahr um war, zur Zeit, da die Könige ins Feld zu ziehen pflegen, sandte David Joab und seine Knechte mit ihm und ganz Israel, damit sie das Land der Ammoniter verheerten und Rabba belagerten. David aber blieb in Jerusalem. Und es begab sich, dass David um den Abend aufstand von seinem Lager und sich auf dem Dach des Königshauses erging; da sah er vom Dach aus eine Frau sich waschen; und die Frau war von sehr schöner Gestalt. Und David sandte hin und ließ nach der Frau fragen und sagte: Ist das nicht Batseba, die Tochter Eliams, die Frau Urias, des Hetiters? Und David sandte Boten hin und ließ sie holen. Und als sie zu ihm kam, schlief er bei ihr; sie aber hatte sich gerade gereinigt von ihrer Unreinheit. Und sie kehrte in ihr Haus zurück. Und die Frau ward schwanger und sandte hin und ließ David sagen: Ich bin schwanger geworden. David aber sandte zu Joab: Sende zu mir Uria, den Hetiter.

Und Joab sandte Uria zu David. Und als Uria zu ihm kam, fragte David, ob es mit Joab und mit dem Volk und mit dem Krieg gut stünde. Und David sprach zu Uria: Geh hinab in dein Haus und wasch deine Füße. Und als Uria aus des Königs Haus hinausging, wurde ihm ein Geschenk des Königs nachgetragen. Aber Uria legte sich schlafen vor der Tür des Königshauses, wo alle Knechte seines Herrn lagen, und ging nicht hinab in sein Haus. Als man aber David ansagte: Uria ist nicht hinab in sein Haus gegangen, sprach David zu Uria: Bist du nicht von weit her gekommen? Warum bist du nicht hinab in dein Haus gegangen?

## DIE GEBRAUCHSANWEISUNG DES SCHÖPFERS

Uria aber sprach zu David: Die Lade und Israel und Juda wohnen in Zelten und Joab, mein Herr, und meines Herrn Knechte liegen auf freiem Felde, und ich sollte in mein Haus gehen, um zu essen und zu trinken und bei meiner Frau zu liegen? So wahr du lebst und deine Seele lebt: Das werde ich nicht tun! David sprach zu Uria: Bleib heute hier, morgen will ich dich gehen lassen. So blieb Uria in Jerusalem an diesem Tage und auch am nächsten. Und David lud ihn ein, dass er bei ihm aß und trank, und machte ihn trunken. Aber am Abend ging er hinaus, dass er sich schlafen legte auf sein Lager bei den Knechten seines Herrn, und ging nicht hinab in sein Haus. Am Morgen schrieb David einen Brief an Joab und sandte ihn durch Uria. Er schrieb aber in dem Brief: Stellt Uria vornehin, wo der Kampf am härtesten ist, und zieht euch hinter ihm zurück, dass er erschlagen werde und sterbe. Als nun Joab die Stadt belagerte, stellte er Uria an den Ort, von dem er wusste, dass dort streitbare Männer standen. Und als die Männer der Stadt einen Ausfall machten und mit Joab kämpften, fielen etliche vom Volk, von den Knechten Davids, und Uria, der Hetiter, starb auch.

Da sandte Joab hin und ließ David alles sagen, was sich bei dem Kampf begeben hatte, und gebot dem Boten und sprach: Wenn du dem König alles bis zu Ende gesagt hast, was sich bei dem Kampf begeben hat, und siehst, dass der König zornig wird und zu dir spricht: Warum seid ihr so nahe an die Stadt herangerückt im Kampf? Wisst ihr nicht, dass sie von der Mauer schießen? Wer erschlug Abimelech, den Sohn Jerubbaals? Warf nicht eine Frau einen Mühlstein auf ihn von der Mauer, sodass er in Tebez starb? Warum seid ihr so nahe an die Mauer herangerückt?, – so sollst du sagen: Auch dein Knecht Uria, der Hetiter, ist tot.

Der Bote ging hin und kam und sagte David alles, was Joab ihm aufgetragen hatte. Und der Bote sprach zu David: Die Männer waren uns überlegen und zogen heraus aufs Feld gegen uns; wir aber drängten sie bis an den Eingang des Tores. Und die Schützen schossen von der Mauer auf deine Knechte und töteten etliche von den Knechten des Königs, und auch Uria, dein Knecht, der Hetiter, ist tot.

David sprach zum Boten: So sollst du zu Joab sagen: „Lass dir das nicht leid sein, denn das Schwert frisst bald diesen, bald

## NICHT EHEBRECHEN

jenen. Fahre fort mit dem Kampf gegen die Stadt und zerstöre sie." So sollst du ihm Mut zusprechen. Und als Urias Frau hörte, dass ihr Mann Uria tot war, hielt sie die Totenklage um ihren Eheherrn. Sobald sie aber ausgetrauert hatte, sandte David hin und ließ sie in sein Haus holen, und sie wurde seine Frau und gebar ihm einen Sohn. Aber dem HERRN missfiel die Tat, die David getan hatte. Und der HERR sandte Nathan zu David. Als der zu ihm kam, sprach er zu ihm: Es waren zwei Männer in einer Stadt, der eine reich, der andere arm. Der Reiche hatte sehr viele Schafe und Rinder; aber der Arme hatte nichts als ein einziges kleines Schäflein, das er gekauft hatte. Und er nährte es, dass es groß wurde bei ihm zugleich mit seinen Kindern. Es aß von seinem Bissen und trank aus seinem Becher und schlief in seinem Schoß, und er hielt's wie eine Tochter. Als aber zu dem reichen Mann ein Gast kam, brachte er's nicht über sich, von seinen Schafen und Rindern zu nehmen, um dem Gast etwas zuzurichten, der zu ihm gekommen war. Und er nahm das Schaf des armen Mannes und richtete es dem Mann zu, der zu ihm gekommen war.

Da geriet David in großen Zorn über den Mann und sprach zu Nathan: So wahr der HERR lebt: Der Mann ist ein Kind des Todes, der das getan hat! Dazu soll er das Schaf vierfach bezahlen, weil er das getan und sein eigenes geschont hat.

Da sprach Nathan zu David: Du bist der Mann! So spricht der HERR, der Gott Israels: Ich habe dich zum König gesalbt über Israel und habe dich errettet aus der Hand Sauls und habe dir deines Herrn Haus gegeben, dazu seine Frauen in deinen Schoß, und habe dir das Haus Israel und Juda gegeben; und ist das zu wenig, will ich noch dies und das dazutun. Warum hast du denn das Wort des HERRN verachtet, dass du getan hast, was ihm missfiel? Uria, den Hetiter, hast du erschlagen mit dem Schwert, seine Frau hast du dir zur Frau genommen, ihn aber hast du umgebracht durch das Schwert der Ammoniter. Nun, so soll von deinem Hause das Schwert nimmermehr lassen, weil du mich verachtet und die Frau Urias, des Hetiters, genommen hast, dass sie deine Frau sei. So spricht der HERR: Siehe, ich will Unheil über dich kommen lassen aus deinem eigenen Hause und will deine Frauen nehmen vor deinen Augen und will sie deinem Nächsten geben, dass er bei deinen Frauen schlafen soll

# DIE GEBRAUCHSANWEISUNG DES SCHÖPFERS

an der lichten Sonne. Denn du hast's heimlich getan, ich aber will dies tun vor ganz Israel und im Licht der Sonne. Da sprach David zu Nathan: Ich habe gesündigt gegen den HERRN. Nathan sprach zu David: So hat auch der HERR deine Sünde weggenommen; du wirst nicht sterben. Aber weil du die Feinde des HERRN durch diese Sache zum Lästern gebracht hast, wird der Sohn, der dir geboren ist, des Todes sterben.

*2. Samuel 11; 12,1-14 (LUT)*

Während des Zweiten Weltkrieges, als die Sowjetischen Truppen vorwärts drängten, um die Amerikaner und Briten zu treffen, wurde eine Frau Burgmeier, die draußen nach Lebensmitteln für sich und ihre Kinder suchte, von ihnen gefangengenommen. Ohne die Kinder benachrichtigen zu können, brachte man sie in ein Kriegsgefangenenlager in der Ukraine. Unterdessen wurde ihr Ehemann ebenfalls verhaftet und landete in einem Gefangenenlager in Wales. Schließlich wurde er entlassen. Er kehrte nach Deutschland zurück, und nach wochenlanger Suche fand er die Kinder, die beiden jüngsten in einer russischen Schule für Gefangenenkinder, die beiden ältesten in einem Kellerversteck. Sie hatten keine Ahnung, wo sich ihre Mutter befand. Sie gaben die Suche nach ihr nicht auf. Sie wussten, allein ihre Rückkehr konnte die Familie wieder wirklich zusammenbringen, nach allem, was passiert war.

Unterdessen erzählte ein freundlicher Lagerkommandant in der Ukraine Frau Burgmeier, dass ihre Familie wieder vereint sei und nach ihr suchen würde, doch man könnte sie nicht entlassen. Entlassungen wurden nur aus zwei Gründen gewährt. Erstens, ein Gefangener wurde entlassen, wenn er oder sie an einer Krankheit litt, die im Lager nicht behandelt werden konnte. Dann verlegte man ihn oder sie in ein russisches Krankenhaus. Zweitens, eine Frau wurde entlassen, wenn sie schwanger war. In diesem Fall schickte man Frauen nach Deutschland zurück, weil sie zu einer Last wurden und nicht zur Arbeit herangezogen werden konnten. Frau Burgmeier ließ es sich durch den Kopf gehen und beschloss schließlich, einen freundlichen, ungebildeten deutschen Wächter zu bitten, sie zu schwängern, was er auch tat. Ihr Zustand wurde medizinisch überprüft und sie wurde zurück nach Deutschland geschickt; ihre Familie empfing sie mit offenen Armen. Sie erzählte

## NICHT EHEBRECHEN

ihnen, was sie getan hatte, und sie waren damit vollkommen einverstanden. Zur gegebenen Zeit kam das Baby auf die Welt. Sie nannten ihn Dietrich, und sie liebten ihn am allermeisten, weil sie überzeugt waren, er hätte mehr für sie getan als alle anderen. An den deutschen Lagerwächter dachten sie ausschließlich mit Dankbarkeit und Zuneigung zurück.

Was für eine Geschichte, nicht wahr? Ich habe Sie erzählt, weil ich Ihnen Folgendes zeigen wollte: Um welches Gebot es auch gehen mag, wenn Sie Ihrem Herzen erlauben, über Ihren Kopf zu regieren, können Sie immer Umstände finden, unter denen Sie es vor sich selbst rechtfertigen können, das Gebot zu brechen. Doch Tatsache ist, dass sie das siebte Gebot absichtlich gebrochen hatte, trotz aller Vorteile, die aus dieser Entscheidung und Erfahrung hervorgingen. Es gibt heute viele Umstände, die weniger dramatisch sind, in denen Menschen dieselbe Handlung rechtfertigen würden. Noch häufiger wird Liebe als Rechtfertigungsgrund angeführt. Wir haben in unserer Gesellschaft einen Punkt erreicht, an dem man sagt: „Es ist besser, wenn zwei Menschen zusammenleben, die nicht miteinander verheiratet sind und sich lieben, als wenn zwei Menschen zusammenbleiben, die nach ihrer Hochzeit aufgehört haben, einander zu lieben."

In unserer Gesellschaft hält man Ehebruch nicht für besonders schlimm, solange niemand verletzt wird und wahre Liebe dahintersteht. Ein solches Meinungsklima herrschte vor, als das Christentum in der griechischen und römischen Welt der Antike auf den Plan trat. Ich wage zu behaupten: Hätte sich der Duke of Windsor heute in Mrs. Wallis verliebt, hätte das Land ihm erlaubt, weiter zu regieren. Wenn prominente Menschen in unserer Gesellschaft solche Beziehungen eingehen, zuckt offensichtlich niemand mit der Wimper.

Warum legte Gott dieses Prinzip fest, das Ehebruch verbietet? Ist es ein weiteres Beispiel dafür, dass Gott ein engstirniger Spielverderber ist, wie Verfechter eines weltlichen Lebensstils behaupten würden? Kann er nicht nachfühlen, dass Sie Ihren Ehepartner nicht mehr lieben und sich zutiefst in jemand anderen verliebt haben? Versteht Gott denn nicht, obwohl er uns doch geschaffen hat, wozu uns die menschliche Liebe bringt? Was ist falsch an Ehebruch? Diese Frage mag Christen merkwürdig erscheinen, da die kirchliche Meinung in diesen Fragen

## DIE GEBRAUCHSANWEISUNG DES SCHÖPFERS

normalerweise der weltlichen Meinung weit hinterherhinkt, doch sie holt sehr schnell auf. Wir müssen dieses ganze Thema objektiv und ehrlich betrachten. Wir könnten dabei herausfinden, dass den meisten von uns dieses Gebot sehr wohl etwas zu sagen hat.

Ich möchte über fünf Gründe sprechen, warum Gott dieses grundlegende Gebot erlassen hat, Aspekte, die er im Sinn hatte, als er sagte: „Tu das nicht." Ich möchte die Bedeutung von Sex, Ehe, Liebe, die Gefahr der Scheidung und den Schutz der Gesellschaft beleuchten. Es sind fünf Dinge, die Gott laut der Bibel meiner Ansicht nach im Kopf hatte, als er das Gebot erließ.

Erstens, die Bedeutung von Sex. Jeder von uns hat sexuelle Empfindungen und stellt fest, dass sie zum Leben dazugehören – es ist einer der stärksten Triebe des Menschen, er ist einfach da. Worum handelt es sich dabei genau? Die Humanisten wollen uns weismachen, dass sich der Sexualtrieb von keinem anderen physischen Appetit unterscheide, ein Verlangen unseres Körpers, das befriedigt werden sollte. Es gehöre in dieselbe Kategorie wie Hunger und Durst. Humanisten betrachten uns im Grunde wie Tiere, wobei Sex ein Überbleibsel unserer tierischen Evolutionsgeschichte sei. Man meint, dass es sich einfach um einen körperlichen Trieb handle, den man um jeden Preis befriedigen müsste. Es mache keinen moralischen Unterschied, ob man nun die Kochkünste und die Sahnetorte der Nachbarin begehrt oder ihre körperlichen Reize. Man versteht darunter also ein einfaches, körperliches Verlangen. Beim Lesen der Bibel stellte ich allerdings fest, dass sie zwei weitere Dinge zum Thema sagt.

Erstens, Sex ist nicht nur etwas Physisches, sondern auch etwas Psychisches. Damit meine ich, dass der Sexualakt nicht einfach so behandelt werden kann wie der Genuss eines Stückes Sahnetorte – aus dem simplen Grund, dass Sahnetorte nicht ihre gesamte Persönlichkeit betrifft, Sex jedoch schon. Wenn Sie sich körperlich jemandem hingeben, tun Sie das auch psychisch, danach werden Sie nie wieder dieselbe Person sein. Sie haben sich an jemanden verschenkt, nicht nur körperlich, sondern seelisch und emotional. Sie sind daran beteiligt, nicht nur Ihr Magen, sondern Ihre gesamte Persönlichkeit. Sie können dieses Verlangen nicht von Ihrem Wesen als Ganzes trennen – das ist das biblische Verständnis.

Darüber hinaus erklärt die Bibel, dass es nicht nur etwas Physisches und Seelisches sei, sondern auch eine geistliche

# NICHT EHEBRECHEN

Komponente beinhalte. Das mag Sie überraschen. Beginnen wir in 1. Mose 1, wo Gott sagt: „Lasst uns Menschen machen nach unserem Bilde. Und er schuf sie als Mann und Frau." Damit sollte Folgendes gesagt werden: Die Tatsache, dass wir sexuelle Wesen sind, spiegelt in gewisser Weise geistliche Realitäten wieder. Aus diesem Grund steht im Herzen der Bibel ein Liebeslied, das viele Christen wegen seiner erotischen Poesie vor Scham erröten lässt. Es heißt das Hohelied Salomos.

Wir vergeistlichen es, um von der einfachen Tatsache abzulenken, dass in der Mitte der Bibel ein erotisches Liebeslied steht. Allerdings ist es dort, weil es tatsächlich etwas zutiefst Geistlichem entspricht. Christen haben im Laufe der Jahrhunderte immer wieder in diesem Liebeslied Ausdrücke gefunden, die sie in ihrer Beziehung zum Herrn nutzen wollten. Paulus greift dasselbe in Epheser 5 auf, wo er sagt, dass die Ehe ein Bild für die Beziehung zwischen Christus und der Gemeinde sei. Daher ist Sex nicht nur ein physisches Verlangen; es betrifft die gesamte Person, und es ist etwas Geistliches. Damit sind wir bei unserem ersten Grundprinzip: Wann immer wir versuchen, Sex als etwas Isoliertes und rein Physisches zu behandeln, ein einfaches Verlangen, dann berauben wir ihn seines Kontextes und werden ihn früher oder später verderben.

Der zweite Punkt, den ich erörtern möchte, ist die Bedeutung der Ehe. Was genau geschieht, wenn zwei Menschen heiraten? Ist es einfach nur praktisch, dass man zu zweit günstiger lebt als allein? Das ist übrigens der größte Mythos, der jemals verbreitet wurde! Beschränkt es sich nur darauf, dass man sagt: „Wir sollten uns zusammentun. Lass uns füreinander kochen und miteinander schlafen, das ist viel bequemer, als zwischen deiner und meiner Wohnung hin und herzupendeln." Ist es einfach nur praktischer, dass zwei Menschen besser füreinander und für sich selbst sorgen können? Handelt es sich nur um einen Vertrag zwischen zwei Personen, die sich darauf einigen, bestimmte Dinge füreinander zu tun, so lange sie es wollen, und jederzeit, wenn sie genug davon haben, den Vertrag beenden und sich von ihm lösen können?

Die Antwort der Bibel lautet, dass es sich um viel mehr als nur um eine Annehmlichkeit oder einen Vertrag handelt. Wenn zwei Menschen heiraten, gibt es eine absolut radikale Veränderung in ihrem Leben: Die zwei werden eins. Nicht nur ein Fleisch, wenn

## DIE GEBRAUCHSANWEISUNG DES SCHÖPFERS

ihre Körper eins werden, sondern sie werden zu einer *Person*. Daher ist aus jedem eine „Hälfte" geworden, wenn sie eins geworden sind. Ich bin jetzt nur noch eine halbe Person, und meine Frau ist meine bessere Hälfte! Solange der Ehepartner am Leben ist, bleibt der andere eine halbe Person. Einer ist unvollständig ohne den anderen.

In der Bibel gibt es nur ein einziges Ereignis, das eine halbe Person wieder ganz macht – der Tod. In Markus 12 und Römer 7 wird erwähnt, dass nur der Tod eine Person wieder vollständig machen kann. Der Tod bewirkt dies aus dem einfachen Grund, dass der Körper, mit dem Sie als sichtbares Zeichen ein Fleisch geworden sind, auf der Erde nicht mehr existiert. Dadurch wurde die Ehe aufgehoben und die Ganzheit der halben Person wiederhergestellt. Aus diesem Grund sagt das Paar bei der Trauung: „Bis dass der Tod uns scheidet." Selbst wenn beide Christen sind, die sich darauf freuen, im Himmel wieder vereint zu sein, sagen wir ganz deutlich, dass beim Tod des Partners die Unvollständigkeit des anderen auf der Erde wieder zur Vollständigkeit wird.

Hierin liegt also die Bedeutung der Ehe. Wenn das geschehen soll, muss es nicht nur ein *einander anhängen* der Partner geben, sondern auch ein Verlassen, das dieser Vereinigung vorausgeht. „Ein Mann wird Vater und Mutter verlassen und seiner Frau anhängen." Eine Beziehung muss aufgelöst werden, damit die andere entstehen kann.

Daher ist die Ehe nie eine Privatangelegenheit. Es ist nichts, was man einfach dadurch verwirklichen kann, dass zwei Menschen beschließen, zusammenzuleben. Es beeinflusst andere Menschen und die Gesellschaft. Ich bin mir sicher, dass alle von uns, die verheiratet sind, kurz vor der Hochzeit eine Phase erlebt haben, in der wir uns zu zweit nach Gretna Green absetzen und alles andere vergessen wollten [*Gretna Green ist ein Ort in Südschottland, wo Minderjährige früher ohne Erlaubnis der Eltern heiraten konnten, Anmerkung der Übersetzerin*]. Das ganze Theater um die Einladungen: „Müssen wir Tante xy einladen" und „Wer wird beleidigt sein, wenn wir ihn nicht einladen?" etc.

Doch es ist angemessen und richtig, dass eine Ehe öffentlich geschlossen wird, aus folgendem Grund: Sie beenden andere Beziehungen, um diese Verbindung zu ermöglichen. Es beeinflusst andere Menschen zutiefst, wenn zwei eins werden. Zuallererst sind

# NICHT EHEBRECHEN

Menschen jetzt „angeheiratet", die vorher nicht verwandt waren. Sie haben jetzt eine Schwiegermutter und einen Schwiegervater, und die beiden Familien wurden nun miteinander verbunden. Das ist eine Bedeutung der Ehe.

Drittens betrachten wir den *Grad der Liebe*. Jeder singt darüber, jeder spricht davon, jeder will Liebe, doch was ist Liebe überhaupt? Wie würden Sie *Liebe* definieren? Ein Problem unserer Sprache besteht darin, dass sie so begrenzt ist und nur ein Wort für alle verschiedenen Bedeutungen der Liebe verwendet, während es im Griechischen ein ganzes Spektrum gibt. Es gibt drei Ansichten zur Ehe und dazu, was die Liebe ausmacht. Ich werde sie die rationale Ansicht, die romantische Sicht und die religiöse Sicht nennen.

Die rationale Sicht betrachtet Liebe in erster Linie als eine Frage des Verstandes. Es geht darum, wer gut zu wem passt, und um das Arrangieren der Ehe. In vielen Gesellschaften gab es eine Zeit, da Ehen für Kinder arrangiert wurden. In manchen Kreisen gibt es immer noch die förmliche Tradition, den Vater zu fragen, ob man seine Tochter heiraten dürfe. Heute ist es nur noch eine Formalität, doch in früheren Zeiten war es eine ernste Sache. Man ging das Ganze rational an.

„Wie steht es um Ihre beruflichen Aussichten, junger Mann? Können Sie für meine Tochter sorgen? Passen Sie gut zusammen? Vertragen Sie sich vom Temperament her?" Es wurden viele vernünftige Fragen gestellt. Dabei denke ich an den jungen Mann, der zu seinem Mädchen sagte: „Ich erstelle gerade eine Liste deiner Pluspunkte. Ich habe 15 beisammen, wenn ich bei 20 bin, werde ich dich bitten, mich zu heiraten."

Sie sagte: „Du solltest dich beeilen, weil ich eine Liste deiner Minuspunkte erstelle, und ich habe bereits 19." Das ist die verstandesmäßige Sicht der Liebe.

Ich bin überzeugt, dass viele Menschen einen großen Fehler begehen, wenn sie die rationale Sicht der Liebe ausblenden. Ich habe zu jungen Leuten gesagt: Wenn ihr wirklich gut zusammenpasst und füreinander bestimmt seid, werden andere das auch so sehen, die gefühlsmäßig beteiligt sind, euch beide anschauen und sagen: „Sie passen gut zusammen." Das kann eine sehr gute Hilfe bei der Entscheidungsfindung sein.

Jetzt erleben wir allerdings den Umschwung von der rationalen zur romantischen Liebe: die Verschiebung des Liebesverständnisses

## DIE GEBRAUCHSANWEISUNG DES SCHÖPFERS

vom Kopf zum Herzen und die Interpretation der Liebe allein auf Grundlage des Gefühls. Wenn Ihre Liebe überhaupt keine Gefühle beinhaltet, dann stimmt etwas nicht, doch wenn sie nur aus Gefühlen und nichts anderem besteht, dann ist daran auch etwas falsch. Die falsche Sicht des romantischen Liebesverständnisses besagt: Die Liebe ist zu Ende, sobald Sie keine Gefühle für diese Person mehr haben, dann ist die Liebe verschwunden. Das ist die ausschließlich romantische Sicht.

Kommen wir jetzt zum christlichen Ansatz, der weder rein rational noch ausschließlich romantisch ist. Er besagt Folgendes: Der Kern der Liebe besteht weder nur in dem, was Sie über jemanden *denken*, noch allein darin, was Sie für diese Person *fühlen*, sondern darin, wie Sie ihr gegenüber *handeln*. Die Liebe dreht sich daher nicht nur um den Verstand oder um das Herz, sondern auch um den Willen. Ein rationales Verständnis und romantische Gefühle gehören dazu, doch wenn ein Paar vor mir steht, das heiraten will, frage ich es nicht: „Glaubt ihr, dass ihr gut zusammenpasst? Sind andere auch dieser Meinung? Sind eure Eltern einverstanden?"

Ich stelle ihnen auch nicht die Frage: „Wie sehen eure Gefühle jetzt füreinander aus?" Meistens haben sie einen ziemlich verklärten Blick und sind nicht ganz bei uns. Ihre Gefühle sind nicht das, was sie einmal sein werden. Doch ich frage sie nicht, wie sie sich fühlen, und sie geben mir auch nicht folgende Antworten: „Ich denke, ich liebe diese Person" oder, „Ich habe das Gefühl, ich liebe diese Person." Ich frage sie: „Wie werdet ihr euch dem anderen gegenüber verhalten? Seid ihr bereit, treu zu sein, was auch geschehen mag? In guten wie in schlechten Tagen, in Reichtum und Armut, in Gesundheit und Krankheit? Seid ihr bereit, euch dem anderen gegenüber treu zu verhalten?"

Ist das der Fall, so handelt es sich in Gottes Augen um wahre Liebe, denn mit dieser Liebe liebt Gott uns. Diese Liebe wird nicht davon beeinflusst, was er über uns denkt, denn wir erahnen sehr wohl, wie seine Gedanken über uns aussehen. Seine Liebe hängt nicht in erster Linie davon ab, was er für uns fühlt, denn meiner Ansicht nach wird es Zeiten geben, da seine Gefühle für uns sehr gemischt sind. Es ist diese Art von Liebe, die sagt: „Ich will. Ich liebe dich, in guten wie in schlechten Zeiten. Ich habe dich angenommen, du bist mein." Jesus, der seine Jünger geliebt

# NICHT EHEBRECHEN

hatte, liebte sie bis zum Schluss, ihrem Verhalten zum Trotz. Daher muss die Liebe nicht enden, wenn die Gefühle verschwinden. Sie muss auch nicht aufhören, wenn verstandesmäßig alle Argumente dafür sprechen, sich zu trennen. Die Liebe kann immer noch weitergehen, wenn es die Art von Liebe ist, welche die Bibel uns zeigt.

Bei meinem vierten Punkt geht es um die *Gefahr der Scheidung*. Dieses Problem bedrängt heute viele christliche Gemeinden, ein Problem, mit dem ich mich immer und immer wieder beschäftigen musste. (Eine gründlichere Untersuchung dieses Themas finden Sie in meinem Buch „Wiederheirat ist Ehebruch - es sei denn...") In aller Kürze: Was sagt die Bibel zum Thema Scheidung? Noch einmal, es ist wichtig, sich vom Wort Gottes statt von der Welt bestimmen zu lassen und vom Kopf statt vom Herzen. Ich werde jetzt drei Fragen stellen, die für viele einen empfindlichen Punkt berühren könnten: Was denkt Gott über Scheidung? Gibt es nicht Fälle, in denen Trennung das geringere von zwei Übeln ist? Ermöglicht das eine Wiederheirat?

Erstens, was denkt Gott über Scheidung? Die Antwort steht zweifellos fest. In Maleachi 2,16 sagt Gott: „Ich hasse Ehescheidung." Klarer kann man es nicht formulieren, und zweifellos hatte Jesus dagegen eine tiefe Abneigung und teilte die Haltung seines Vaters. Daher gibt es eine einfache Antwort auf die erste Frage. Scheidung ist Gottes Plan für sein Volk fremd. Es ist nichts, was Gott beabsichtigt hatte oder wollte. Ich wünschte, die Antworten auf die anderen beiden Fragen wären so einfach.

Die zweite Frage lautet: Gibt es nicht Fälle, in denen Trennung das geringere von zwei Übeln ist? Die Antwort lautet; Ja, es gibt Zeiten, in denen das der richtige Schritt ist, nicht weil es ein guter Schritt wäre, sondern weil es ein weniger schlechter ist. Die Situation, die im Neuen Testament gemeint ist, sieht so aus: Das Familienleben hat ein Stadium erreicht, dass Gott, der Harmonie und Frieden verkörpert, in der Situation nicht mehr erkennbar ist. Kinder werden in einer Atmosphäre aufgezogen, die von ständiger Feindschaft, Hass und Streit geprägt ist. Das Neue Testament scheint sehr deutlich zu machen, dass es Zeiten geben kann, in denen eine Trennung leider notwendig ist und es für das Paar besser wäre, getrennt voneinander zu leben, statt weiterhin wie Hund und Katze miteinander umzugehen.

# DIE GEBRAUCHSANWEISUNG DES SCHÖPFERS

In 1. Korinther 7 wird zudem ein Sonderfall erwähnt, der außergewöhnlich und doch weitverbreitet ist. Es handelt sich um Folgendes: Die Ehepartner haben einander geheiratet, und später, nach der Eheschließung, wird einer von ihnen Christ. Das wird zu einer Quelle echter Spannungen und Frustration zwischen den beiden. Ich kenne viele Familien, in denen dies passiert ist. Ein früher friedliches Zuhause mit zwei Ungläubigen wird zu einer zutiefst unglücklichen Konstellation, weil es nun ein ungleiches Joch gibt. Die Bibel lehrt, dass Christen sich niemals unter ein ungleiches Joch begeben sollten, wenn der andere vor der Ehe kein Christ ist; ein Christ sollte nur einen Christen heiraten. Doch viele bekehren sich nach der Heirat, was zu echten Spannungen führt. In diesem Fall stellt Paulus sehr deutlich für den christlichen Partner folgende Regel auf: Er sollte an der Ehe festhalten, so lange er kann, in der Hoffnung, den anderen zu Christus zu führen. „Denn du weißt nicht, ob die Ehefrau ihren Ehemann retten wird oder der Ehemann die Ehefrau", sagt Paulus.

Doch die Kehrseite sieht so aus: Falls der Ungläubige gehen will, sollte der Christ ihn ziehen lassen und ist nicht verpflichtet, bei ihm zu bleiben. Der Grund liegt darin, dass die Bekehrung des Partners für den Ungläubigen in gewisser Weise etwas unfair ist. Er hat keinen Christen geheiratet und hatte auch nicht die Absicht, dies zu tun. Wäre der Partner schon Christ geworden, als sie sich kennenlernten, hätte das die Beziehung beendet. Plötzlich ist er mit einem Christen verheiratet, was zu einer prekären Situation führt.

Einer der humorvollsten Verse in der gesamten Bibel, über den ich nie gepredigt habe, weil ich wahrscheinlich hätte lachen müssen, betrifft Jakobs erste Ehe: „Am Morgen aber, siehe, da war es Lea" (1. Mose 29,15; LUT). Das scheint mir die meisterhafteste Untertreibung in der gesamten Bibel zu sein. Er dachte, er hätte Rahel geheiratet. Auf dieselbe Art sahen sich ungläubige Ehemänner oder seltener Ehefrauen plötzlich der Tatsache gegenüber, mit einer anderen Person verheiratet zu sein als der, die bei der Hochzeit neben ihnen stand. Paulus sagt, wenn der ungläubige Ehepartner gehen will, lass ihn ziehen, weil Gott ein Gott der Harmonie ist und in seinem Namen keinen Streit will. Es gibt Situationen, in denen eine Trennung das geringere zweier Übel ist und relativ gesehen etwas Gutes.

Jetzt kommen wir zur dritten und schwierigsten Frage, dem

# NICHT EHEBRECHEN

Herzstück des Problems, das große Aufrichtigkeit erfordert: Ist nach einer Trennung Wiederheirat erlaubt? Wir müssen diese Themen auseinanderhalten. Ich wünschte, das würde gelingen, weil Scheidung sie zu eng miteinander verknüpft hat. Es ist eine Sache für ein verheiratetes Paar, sich zu trennen, doch ob jeder Partner danach wieder heiraten kann, ist eine andere Frage. Allerdings betrachtet man die Scheidung als Erlaubnis, erneut zu heiraten. Dieser Vers trifft den richtigen Ton: „Keine Frau darf sich von ihrem Mann scheiden lassen. Hat sie sich aber doch von ihm getrennt, soll sie unverheiratet bleiben oder sich wieder mit ihrem Mann versöhnen" (1. Korinther 7,10). Hier geht es um die Situation, dass es um des Friedens willen notwendig wird, sich zu trennen. Wenn das geschieht, ist die Lösung eindeutig: Der Partner soll unverheiratet bleiben oder sich mit dem versöhnen, den er verlassen hat. Das ist die grundlegende Position des Neuen Testaments. Gibt es dazu eine Ausnahme?

Ich komme nun zu einer Aussage von Jesus selbst, die er machte, als er zum Thema Scheidung befragt wurde. Es gab zu seiner Zeit eine große Debatte über die Scheidung. Zwei Rabbiner, Schammai und Hillel, interpretierten Gottes Wort unterschiedlich. Mose hatte gesagt, wenn ein Mann eine Frau heirate und an ihr etwas Anstößiges finde, könne er einen Scheidebrief ausstellen und sei dann frei, erneut zu heiraten. Die Debatte ging um die Frage, was mit dem *Anstößigen* gemeint sei. Schammai erklärte, es gebe nur eine Sache: Ehebruch. Hillel hingegen meinte, etwas Anstößiges können viele Dinge bedeuten – vom verbrannten Toast beim Frühstück über eine versalzene Suppe oder lautes Reden bis hin zum Verlassen des Hauses ohne Kopfbedeckung – oder eben eine jüngere und attraktivere Frau. Sie können sich vorstellen, welcher Rabbiner von beiden als Prediger populärer war.

Man fragte Jesus, welche dieser beiden Interpretationen er als Lehrer befürwortete. Seine Antwort bedeutete, keine von beiden. Er sagte: „Wer sich von seiner Frau scheidet, es sei denn wegen Unzucht, und heiratet eine andere, der bricht die Ehe" (Matthäus 19,9; LUT).

Beachten Sie, dass er „Unzucht" sagt. Viele Bibelleser haben das übersehen und den Eindruck gewonnen, Jesus habe Ehebruch zu der einzigen Ausnahme erklärt. Was meinte er nun? Ich kann Ihnen nur die Ergebnisse meiner eigenen Studien zu diesem Thema

# DIE GEBRAUCHSANWEISUNG DES SCHÖPFERS

weitergeben. Ich habe diese Frage untersucht, weil ich gebeten wurde, ein Referat vor dem Ausschuss zur Scheidungsreform auszuarbeiten, der aus Parlamentsmitgliedern und Geistlichen bestand und sich vor der Reform der Scheidungsgesetze traf.

Ich machte diese Entdeckung: *Ehebruch* wird immer für die falsche oder gesetzwidrige sexuelle Beziehung einer verheirateten Person mit jemand anderem als dem eigenen Ehepartner verwendet, während *Unzucht* immer für die gesetzwidrige sexuelle Beziehung einer alleinstehenden Person gilt. Diese beiden Begriffe bestehen nebeneinander und unterscheiden sich voneinander. Was meint Jesus, wenn er über eine Scheidung aufgrund von Unzucht spricht? Der Antwort lautet: Er bezieht sich nicht auf etwas, das während der Ehe passiert ist, sondern auf etwas, das geschehen ist, als die Person noch Single war, und dass zur Zeit der Hochzeit noch nicht bekannt war. Dabei handelt es sich um eine sehr enge Ausnahme, die merkwürdigerweise nach englischem Gesetz keinen Scheidungsgrund darstellt. Jesus meint heimliche Untreue vor der Hochzeit, durch die die Betreffende zu Beginn der Ehe nur eine halbe Person war, da sie bereits mit jemand anderem zusammen war. Diese Tatsache war nicht offengelegt und vergeben worden, daher befand sich die Ehe schon zu Beginn in einer Schieflage.

Sollte Jesus das gemeint haben, wird es durch mehrere Dinge bestätigt. Erstens, Moses hatte gesagt: „Wenn ein Mann eine Frau heiratet und etwas Anstößiges an ihr findet, kann er sich von ihr scheiden lassen, es sei denn, ihre Eltern können ihre Jungfräulichkeit beweisen." Daher korrigiert Jesus Mose nicht, sondern stimmt ihm zu. Das nächste Argument, das bestätigen würde, dass es sich um die richtige Interpretation handelt, ist die außergewöhnliche Reaktion der Jünger auf diese Aussage: Wenn dem so ist, kann man sich nie scheiden lassen. Daher macht es keinen Sinn zu heiraten. Es gibt keinen Ausweg. Sie betrachteten Jesu Aussage als ein grundsätzliches Verbot der gerichtlichen Scheidung.

Genau aus diesem Grund wäre in Jesu eigener Familie fast eine Scheidung passiert. Denn bevor Josef und Maria verheiratet waren, entdeckte Josef, dass Maria schwanger war. Als gesetzestreuer Mann wollte er sie auf Grundlage des mosaischen Gesetzes entlassen. Jesus bezieht sich hier auf genau denselben Fall. Mit anderen Worten, der einzige Grund, um eine Ehe aufzulösen, besteht darin, dass sie niemals richtig begonnen hatte, was Sinn

# NICHT EHEBRECHEN

macht. Es ist vernünftig und Sie können erkennen, warum Jesus diesen Punkt betont. Jesus fuhr fort, die Sicht der Jünger zu korrigieren. Wenn ich mit meiner Interpretation der Worte Jesu richtig liege, fallen alle anderen modernen Scheidungsgründe durch. Jesus sagt, Wiederheirat nach einer Scheidung sei Ehebruch. Studieren Sie die Bibel selbst und finden Sie heraus, ob dem so ist. Was wir nicht tun können, ist der Lehre Christi zu widersprechen, wenn wir bekennen, zu ihm zu gehören. Jeder von uns muss seinem eigenen Gewissen und seinem eigenen Verständnis in dieser Frage folgen.

Fünftens und letztens wenden wir uns dem *Schutz der Gesellschaft* zu. Eine Ehe ist für die Gesellschaft das Gleiche wie ein Ziegelstein für ein Gebäude. Es steht außer Zweifel, dass eine Gesellschaft zerfällt und zusammenbricht, wenn die Ehe zusammenbricht. Dieses Phänomen zieht sich durch die gesamte Geschichte. Ich erwähne nur das Römische Reich. In den ersten 500 Jahren gab es keine Berichte über den Zusammenbruch der Ehe. Dann eroberte Rom Griechenland, und Griechenland eroberte Rom. Einer der größten griechischen Philosophen erklärte: „Wir haben Kurtisanen für die Lust, Konkubinen für das Zusammenleben und Ehefrauen, damit sie uns Kinder gebären und treue Wächterinnen unserer Häuser sind." Das galt als normal und natürlich. Cicero und Sokrates hielten dieses System aufrecht. Sie hatten sowohl Geliebte als auch Ehefrauen. Man konnte sich einfach ohne Gerichtsverfahren von seiner Frau scheiden lassen, indem man ihr vor zwei Zeugen sagte: „Geh." Rom eroberte Griechenland, die Werte der Griechen verbreiteten sich, und ab diesem Zeitpunkt liegen die ersten Berichte über das Auseinanderbrechen von Ehen vor, bis die Ehe in Rom selbst der Vergangenheit angehörte. Einem Bericht zufolge hatte eine Frau acht Ehemänner in fünf Jahren, kurz nachdem Rom Griechenland erobert hatte. Zur Zeit Jesu waren Kinder schlichtweg ein Ärgernis, weil sie bei einer Scheidung störten, und die Werte verfielen immer weiter. Das Römische Reich zerfiel nicht, weil es von außen angegriffen wurde, sondern weil die Bausteine seiner Gesellschaft von innen zerfielen. Zerfällt eine ausreichende Zahl von Bausteinen, bricht das Haus in sich zusammen.

Gottes Gebot *nicht ehebrechen* trifft eine Kernaussage, um die Gesellschaft aufrecht zu erhalten. Die Ehe ist der Kitt der

# DIE GEBRAUCHSANWEISUNG DES SCHÖPFERS

Gesellschaft. Wenn Sie heute in Ihrem Zuhause die Ehe durch eine Liebe zusammenhalten, die sagt: „Ich will", bewirken Sie etwas Großartiges für dieses Land.

Ich habe fünf Punkte angeführt, und es könnte gut sein, dass sich die meisten Leser immer noch ziemlich behaglich fühlen. Vielleicht sollten unsere Gefühle anders aussehen, denn Jesus erweitert den Anwendungsbereich der Zehn Gebote. Was er mit dem sechsten Gebot getan hat, gilt auch für das siebte. Beim sechsten Gebot stellte er klar, dass Mord nicht nur bedeute, etwas mit den Händen zu tun, sondern mit dem Herzen. Mit dem siebten Gebot tut er dasselbe: Ehebruch beginnt nicht außen, sondern innen, dort nimmt er seinen Anfang. Er verweist auf den Geist des Gesetzes, nicht nur auf seine Buchstaben. Wir stehen in unserer Gesellschaft unter dem Druck, untreu zu werden und in die falsche Richtung zu schauen. Jesus verdeutlicht uns, dass wir die Schlacht *im Innern* austragen und gewinnen müssen.

Das Neue Testament geht noch über geistigen und emotionalen Ehebruch hinaus und spricht über geistliche Untreue: Wenn du Gott liebst und gleichzeitig die Welt, begehst du geistlichen Ehebruch. Das Gesetz wird im Neuen Testament erweitert, um viel mehr als nur den physischen Akt zu erfassen. Es deckt unsere Gedanken ab und geistliche Untreue gegenüber dem, der uns liebt und uns mit Christus verheiratet hat. Dadurch erwischt das Gesetz typischerweise die meisten von uns. Paulus betont, dass wir durch die klare Kante des Gesetzes herausfinden, wie verkrümmt wir sind.

Allerdings ist diese Sünde nicht unverzeihlich und sie wird es auch nie sein. Im Alten Testament lesen wir, dass der Prediger Hosea eine Prostituierte heiratete. Es funktionierte nicht, und sie kehrte zu ihrem alten Leben zurück. Hosea entdeckte in seinem Herzen eine Liebe, die auf dem Marktplatz nach ihr suchte und sie zurück nach Hause holte, sie liebte und ihr vergab. Durch diese Erfahrung lernte Hosea die Vergebung Gottes kennen sowie die Gnade Gottes, die sagt: Ich habe dich schon immer geliebt. Ich werde deine Abkehr von mir heilen.

Jesus sagte zu der Frau, die beim Ehebruch ertappt worden war: „Geh und sündige nicht mehr. Ich verurteile dich auch nicht." Es ist keine unverzeihliche Sünde, doch es ist immer noch Sünde. Wir alle tragen die Fähigkeit in uns, untreu zu sein.

# 8

# Nicht stehlen

Jesus zog mit seinen Jüngern durch Jericho. Dort lebte ein sehr reicher Mann namens Zachäus, der oberste Zolleinnehmer. Zachäus wollte Jesus unbedingt sehen; aber er war sehr klein, und die Menschenmenge machte ihm keinen Platz. Da rannte er ein Stück voraus und kletterte auf einen Maulbeerfeigenbaum, der am Weg stand. Von hier aus hoffte er, einen Blick auf Jesus werfen zu können. Als Jesus dort vorbeikam, schaute er hinauf und rief: „Zachäus, komm schnell herunter! Ich soll heute dein Gast sein!" Eilig stieg Zachäus vom Baum herunter und nahm Jesus voller Freude mit in sein Haus. Als die Leute das sahen, empörten sie sich über Jesus: „Wie kann er das nur tun? Er lädt sich bei einem Gauner und Betrüger ein!" Zachäus aber wandte sich an Jesus und sagte: „Herr, ich werde die Hälfte meines Vermögens an die Armen verteilen, und wem ich am Zoll zu viel abgenommen habe, dem gebe ich es vierfach zurück." Da entgegnete ihm Jesus: „Heute hat Gott dir und allen, die in deinem Haus leben, Rettung gebracht."

*Lukas 19,1-9a*

Mit Jesus wurden zwei Verbrecher vor die Stadt geführt zu der Stelle, die man Schädelstätte nennt. Dort wurde Jesus ans Kreuz genagelt und mit ihm die beiden Verbrecher, der eine rechts, der andere links von ihm. Jesus betete: „Vater, vergib ihnen, denn sie wissen nicht, was sie tun!" Unter dem Kreuz teilten die Soldaten seine Kleider unter sich auf und warfen das Los darum. Die Menge stand dabei und schaute zu. Und die Mitglieder des Hohen Rates verhöhnten Jesus: „Anderen hat er geholfen! Wenn er wirklich der Christus ist, der von Gott gesandte Retter, dann

## DIE GEBRAUCHSANWEISUNG DES SCHÖPFERS

soll er sich jetzt doch selber helfen!" Auch die Soldaten trieben ihren Spott mit ihm. Sie boten ihm Essigwasser zu trinken an und riefen ihm zu: „Wenn du der König der Juden bist, dann rette dich doch selber!" Oben am Kreuz war ein Schild angebracht mit der Aufschrift: „Dies ist der König der Juden!" Auch einer der Verbrecher, die mit ihm gekreuzigt worden waren, lästerte: „Bist du denn nicht der Christus, der versprochene Retter? Dann hilf dir selbst und uns!" Aber der am anderen Kreuz wies ihn zurecht: „Du bist genauso zum Tode verurteilt worden wie dieser Mann. Fürchtest du Gott nicht einmal jetzt? Wir werden hier zu Recht bestraft. Wir bekommen, was wir verdient haben. Der hier aber ist unschuldig; er hat nichts Böses getan." Dann sagte er: „Jesus, denk an mich, wenn du deine Herrschaft antrittst!" Da antwortete ihm Jesus: „Ich versichere dir: Noch heute wirst du mit mir im Paradies sein."

Am Mittag wurde es plötzlich im ganzen Land dunkel. Die Finsternis dauerte drei Stunden; in dieser Zeit war die Sonne nicht zu sehen. Dann zerriss im Tempel der Vorhang vor dem Allerheiligsten mitten entzwei. Und Jesus rief laut: „Vater, in deine Hände lege ich meinen Geist!" Mit diesen Worten starb er. Der römische Hauptmann, der die Hinrichtung beaufsichtigt hatte, lobte Gott und sagte: „Dieser Mann war wirklich unschuldig!"

*Lukas 23,32-47*

Ein indischer Junge, der in einer christlichen Missionsstation aufgewachsen war, kam als Student nach England. Der Missionar, der ihn in Indien verabschiedete, warnte ihn, dass England nicht so christlich sei, wie er sich das vielleicht vorstellte, und dass er viele verstörende Dinge sehen würde. Er blieb drei Jahre in England und kehrte dann nach Indien zurück. Derselbe Missionar begegnete ihm und fragte: „War es sehr enttäuschend für dich?"

Er antwortete: „Nein, es war wunderbar. An meinem ersten Tag in London habe ich drei Wunder erlebt."

„Erzähl mir mehr", antwortete der Missionar.

„Ich bestieg einen Londoner Bus und neben mir saß eine Dame, die aufstand, um auszusteigen, doch der Schaffner war nirgendwo zu sehen. Er war auf dem oberen Deck unterwegs. Daher gab die Dame ihren Fahrpreis einem Mann, der neben ihr saß, damit er

# NICHT STEHLEN

ihn an den Schaffner weiterreichte, das war Wunder Nummer eins. Der Schaffner kam nach unten und der Mann gab ihm das Geld, Wunder Nummer zwei. Der Schaffner kassierte das Geld und stempelte dafür einen Fahrschein ab, Wunder Nummer drei." Das einzig Traurige an dieser Geschichte ist, dass sie sich vor über 50 Jahren ereignet hat. Ich wage zu behaupten, dass ein Inder, der heute London besuchen würde, wahrscheinlich nicht so viele Wunder erleben wird!

Vor ein paar Jahren berichtete eine Zeitung über eine zwanzigköpfige Familie, die seit vielen Jahren allein von Diebstählen lebte. Ihre Kinder waren zum Stehlen erzogen worden. In der Presse wurden sie als ein „nicht-christlicher Haushalt" beschrieben. Natürlich schlagen die Menschen vor Schreck die Hände über dem Kopf zusammen. Wenigstens ein paar. Doch *warum* ist es verkehrt? Wenn sie es brauchten, warum sollten sie es sich dann nicht nehmen? Ich habe sieben Gründe ausgemacht, die andere heutzutage als vermeintliche Rechtfertigung für Diebstahl anführen.

Erstens: Das, was Sie gestohlen haben, brauchen Sie wirklich. Das scheint eine Regel zu sein, nach der sich Menschen richten. Wenn Sie es benötigen, ist es nach Auffassung vieler in Ordnung, es zu stehlen. Sie haben das Recht, zu leben wie alle anderen auch, daher haben Sie einen Anspruch auf das, was Sie brauchen.

Zweitens glaubt man, Sie hätten ein Recht etwas zu stehlen, wenn der Eigentümer es nicht benötigt. Haben Sie so etwas im Büro schon einmal gehört? „Oh, das wird nie benutzt. Nehmen Sie es sich einfach mit. Es wird Ihnen zu Hause nützen."

Ein dritter Grund besagt, Sie dürften etwas stehlen, wenn der Eigentümer es nicht vermissen wird.

Viertens, Sie können etwas stehlen, wenn der Eigentümer es sich leisten kann, den Gegenstand nochmals zu kaufen. Schließlich hat er genug Geld. Er kann sich schnell wieder etwas Neues besorgen, Sie nicht.

Fünftens, Sie können etwas stehlen, wenn es etwas Kleines ist. So lange es sich nicht um etwas Großes handelt, gilt es als in Ordnung.

Sechstens, Sie können jemandem etwas stehlen, den Sie nicht kennen. Ich weiß nicht, was daran in Ordnung sein soll, doch ich habe dieses Argument schon gehört: Einem Freund gegenüber wäre es Verrat, doch einem Feind geschieht es gerade recht. Eine Variante davon besagt, es sei nicht problematisch, wenn Sie statt

## DIE GEBRAUCHSANWEISUNG DES SCHÖPFERS

einer Einzelperson eine juristische Person bestehlen. Ich bin alt genug, um mich daran zu erinnern, wie die Kohlebergwerke verstaatlicht wurden. Große Schilder wurden aufgestellt, auf denen stand: „Diese Grube gehört dir" – und sie nahmen das wörtlich. Es gibt Menschen, die glauben, die beste Strategie, Diebstahl zu beenden, bestünde in der Abschaffung von Privateigentum. Erstaunlich, wie viele meinen, es sei in Ordnung, statt einer Einzelperson eine große Organisation zu bestehlen.

Der siebte Grund, dem ich begegnet bin, besagt, es sei unproblematisch zu stehlen, solange man nicht erwischt werde. „Du solltest nicht erwischt werden."

Wie schon erwähnt gibt es jene, die behaupten, das eigentliche Problem bestünde im Privateigentum. Würden alle alles miteinander teilen, gäbe es keinen Diebstahl. Glauben Sie das ja nicht. Die Kommunisten gingen davon aus, dass eine Gesellschaft mit Gemeinschaftseigentum, bei der alles dem Proletariat gehörte, keine Polizei brauchen würde; das Verbrechen würde verschwinden und Diebstahl der Vergangenheit angehören. Historisch betrachtet hat es mindestens 70 verschiedene Versuche gegeben, das Privateigentum abzuschaffen, und nur fünf davon überdauerten mehr als vier Jahre.

Im achten Gebot ist das Prinzip der Unantastbarkeit des Eigentums verankert. Im sechsten Gebot hatten wir die Unantastbarkeit des Lebens, im siebten die Unantastbarkeit der Ehe, und zur Unantastbarkeit des guten Rufs werden wir noch kommen. Doch jetzt betrachten wir das achte Gebot, das unter anderem ganz einfach erklärt, Privateigentum sei nichts Falsches.

Selbst kommunistische Gesellschaften haben ziemlich schnell festgestellt, dass Menschen Eigentum der einen oder anderen Art besitzen. Nicht die Tatsache, dass Privateigentum existiert, führt zum Diebstahl, sondern der Fakt, dass mit der menschlichen Natur etwas nicht stimmt; es liegt nicht am System. Das Neue Testament plädiert nirgendwo dafür, Kommunismus zu praktizieren. Ich weiß, dass es Menschen gibt, die das behaupten. Ich werde darauf zurückkommen, doch der Unterschied zwischen dem, was die Gläubigen im Neuen Testament taten und was im Namen des Kommunismus geschehen ist, besteht darin, dass es im Neuen Testament freiwillig passierte und nie allumfassend war. Eine Person konnte das mit anderen teilen, was sie wollte – sie

# NICHT STEHLEN

konnte Dinge für sich behalten und mit andere teilen, es war kein umfassender Ansatz.

Das Gebot ist sehr deutlich, kühn und bedingungslos. Er führt keine Umstände auf, unter denen Diebstahl erlaubt ist. Es sagt einfach: Tu es nicht.

Wir haben beobachtet, dass es auf jeder Baustelle, in jedem Kaufhaus und in jedem Lager etwas gibt, das wir beschönigend als „Schwund" bezeichnen. Ich hätte Ihnen in unserem Gemeindegebäude zwei Türen zeigen können, die ersetzt werden mussten. Sie hatten nicht die Qualität, die wir bestellt hatten. Warum? Weil eines Tages fünf wunderschöne Birkentüren von der Baustelle „abwanderten". Daher bauten wir vorübergehend Türen niedrigerer Qualität ein, bis die besseren installiert werden konnten. Das Gebäude selbst war durch die Verletzung dieses Gebotes gezeichnet. Wir konnten nicht einmal ein Gemeindegebäude errichten, ohne dass es geschah. Allerdings war der Umfang des Diebstahls bemerkenswert gering, wenn man bedenkt, dass es keinen Zaun um die Baustelle gab. Wir beteten für diese Sache und der Schaden hielt sich sehr in Grenzen.

Millionen Pfund müssen jedes Jahr für den Ersatz von Diebesgut aufgewendet werden. Es gibt zwei Arten von Diebstahl, über die ich sprechen möchte: Menschen bestehlen und Gott bestehlen. Jene unter uns, die bisher keine Menschen bestohlen haben, müssen auch an den zweiten Punkt denken: Man kann Gott bestehlen.

Betrachten wir zuerst den Diebstahl an Menschen. Warum ist er falsch? Sie könnten jetzt argumentieren: „Weil Gott es sagt" – das ist eine einfache Antwort, doch sie reicht nicht aus. Warum sagt Gott es? Warum ist es falsch? Die Antwort lautet, es widerspricht den Gesetzen des ehrlichen Verdienstes. Es gibt zwei derartige Gesetze: Arbeit und Liebe. Sie müssen sich entweder Ihren Besitz erarbeiten oder Sie bekommen ihn geschenkt. Dies sind die beiden ehrlichen Wege, etwas zu bekommen. Andere Methoden sind unehrlich. Die Hauptquelle unseres Einkommens sollte Arbeit sein, das gilt für uns alle.

Im Folgenden zwei Texte von Paulus, die so bodenständig klingen, dass man denken könnte, sie stammten nicht aus der Bibel, sondern aus einem Handbuch für Gewerkschafter. *Wer nicht arbeiten will, der soll auch nicht essen* (2. Thessalonicher 3,10; LUT). Diese Aussage steht im Neuen Testament, und sie

## DIE GEBRAUCHSANWEISUNG DES SCHÖPFERS

ist ziemlich direkt. Hier kommt eine weitere: *Wer gestohlen hat, der stehle nicht mehr, sondern arbeite und schaffe mit eigenen Händen* [Beachten Sie: er soll seine Hände jetzt auf andere Art gebrauchen] *das nötige Gut, damit er dem Bedürftigen abgeben kann* (Epheser 4,18; LUT).

Aus diesen beiden Versen erfahren wir zwei Dinge über die Haltung eines Diebes, die seinen Charakter zwangsläufig beeinflussen werden. Erstens, er lebt um sich zu bereichern, statt etwas zu geben. Paulus sagt, er solle aufhören zu stehlen und hart arbeiten, um zu lernen, etwas zu geben. Stehlen wird zu einer *raffgierigen* Persönlichkeit führen, während harte Arbeit eine *fleißige* Persönlichkeit hervorbringt. Zweitens versucht ein Dieb, etwas umsonst zu bekommen, die Abkürzung zu nehmen, schnell reich zu werden und den Austausch von Gütern oder Diensten zu vermeiden, der einen rechtmäßigen Verdienst ausmacht. Ein Dieb wird zu einer Person, die alles umsonst haben will.

Angesichts dieser beiden Punkte wird uns bewusst, dass es viele Arten des Diebstahls gibt. Uns gefällt das Wort nicht, daher beschönigen wir es. Wir können es auch als *Geschäftstüchtigkeit* oder alles Mögliche andere bezeichnen. Doch betrachten wir nun einige Methoden, durch die wir stehlen könnten: zu leben, um uns zu bereichern, statt etwas zu geben, und zu versuchen, etwas umsonst zu bekommen. Am offensichtlichsten ist der eindeutige *Diebstahl*: ihn verüben Bankräuber, Autodiebe, Tresorknacker und Einbrecher. Sie unterfallen eindeutig diesem Gebot. Darüber müssen wir nicht diskutieren. Die üblichste Form ist wahrscheinlich der Ladendiebstahl, den wir schon erwähnt haben.

Die zweite Art ist *betrügerisches Verhalten:* zu wenig zu bezahlen, zu viel zu verlangen und grob irreführende Werbung. Zumindest haben wir gegen letzteres jetzt das Warenkennzeichnungsgesetz, auf das sich meine Kinder berufen wollten. Ich kaufte ihnen jede Woche Süßigkeiten, kam eines Tages nach Hause und sagte: „Ich habe ein Problem unserer Familie gelöst." Ich hatte ihnen drei lange Schokoladenriegel gekauft, auf denen stand: „Ewiger Genuss". Daher sagte ich zu ihnen: „Kostet sie voll aus, es ist das letzte Mal, dass ich wöchentliche Süßigkeiten mitgebracht habe." Sie antworteten: „Papi, Warenkennzeichnungsgesetz" – denn die Schokoriegel hielten sich nur 15 Minuten.

Wenigstens ist uns bewusst, dass betrügerisches Verhalten

## NICHT STEHLEN

Diebstahl ist, und wir sollten es auch so nennen, ob wir nun ohne Fahrschein Bus fahren, einen Beamten bestechen, einen Vertrag manipulieren oder beim Geldumtausch tricksen. Ein Arbeitgeber, der keinen fairen Lohn bezahlt, oder einer Angestellter, der nicht ausreichend arbeitet, betrügt, was Diebstahl ist.

Drittens, *Ausbeutung*. Während des Krieges gab es den sogenannten Schwarzmarkt. Lebensmittel waren so knapp, dass ein Markt im Untergrund existierte, auf dem man Butter oder Schinken kaufen konnte – doch man zahlte aufgrund der Warenknappheit sehr viel dafür. Manche haben sich daran eine goldene Nase verdient. Ich frage mich immer öfter, wie nahe die aktuellen Immobilienpreise schon dem Diebstahl sind, im Sinne von Ausnutzung von Wohnraumknappheit. Man fragt sich einfach, wieviel höher sie noch steigen können, bis sie Diebstahl in Form von Ausbeutung darstellen. Die Bibel verbietet Zinswucher an den Armen. Sie untersagt Ihnen, einen Armen auszunutzen, indem Sie von ihm hohe Zinsen verlangen. Das sollte angesichts unseres Wohnungsmarktes und der Belastung von Grundstücken angegangen werden, da junge Paare große Schwierigkeiten haben, ein eigenes Haus zu erwerben.

Viertens, wir können durch Glücksspiel Diebstahl begehen. Ich werde kurz erwähnen, was Glücksspiel ist. Manche behaupten, Aktienhandel sei Glücksspiel. Manchmal trifft das zu, doch es gilt nicht grundsätzlich. Andere behaupten, Versicherungsgeschäfte seien Glücksspiel. Das stimmt nicht. Glücksspiel beinhaltet, *ein Verlustrisiko zu schaffen, das vorher nicht bestand.* Eine Versicherung bewirkt das nie; sie betrifft bestehende Risiken. Zweitens, Glücksspiel ist immer darauf angelegt, auf Kosten und zum Schaden anderer zu gewinnen. Wie Sie Ihren Nächsten lieben und gleichzeitig versuchen können, so etwas zu tun, das will einfach nicht in meinen Kopf. Drittens, beim Glücksspiel versucht man, etwas ohne Gegenleistung zu bekommen, ohne die Absicht, Waren und Dienstleistungen für das erhaltene Geld einzutauschen. Diese drei Faktoren machen, wenn sie alle gemeinsam vorliegen, Glücksspiel aus, ob es sich nun um ein Lotterielos oder um eine Pferdewette handelt. Die Höhe des Einsatzes spielt dabei überhaupt keine Rolle. Auch wenn die Bibel Glücksspiel nicht explizit erwähnt (abgesehen vielleicht von dem, was unter dem Kreuz geschah), bin ich der Ansicht, dass wir einen Spieler als Dieb bezeichnen können.

# DIE GEBRAUCHSANWEISUNG DES SCHÖPFERS

Fünftens, *geringfügiger Diebstahl*. Früher nannte man uns ein Land von Ladenbesitzern, heute sind wir ein Land von Ladendieben. Vielleicht geht es um nur kleine Dinge, wie z.B. Kleiderbügel aus dem Hotel, Teelöffel aus dem Café, Besteck, Geschirr, Aschenbecher, Stifte und so weiter. Ich habe nur selten über dieses Gebot gepredigt, doch als ich es einmal tat, machte sich ein Mann Notizen in einem Heft, das er aus dem Büro *stibitzt* hatte. Er schrieb während der gesamten Predigt mit und kam danach mit einem großen Problem zu mir. Was sollte er jetzt tun? Er wollte das Heft nicht zurücklegen, da sie den Inhalt nicht lesen sollten! Die Bibel würde Stibitzen einfach Diebstahl nennen.

Sechstens gibt es *Stehlen durch Finden*. „Der Finder darfs behalten." Tatsächlich? Wer sagt das? Ich weiß noch genau, wie ich als Junge ein Portemonnaie voller Geld fand. Da lag es auf dem Bürgersteig, und ich nahm es voller Freude mit nach Hause. Ich sparte gerade für etwas Bestimmtes, und hier war das Geld. Doch meine Mutter sagte: „Das Polizeirevier liegt am Ende der Straße."

Als Siebtes kommt das *Ausleihen*. Wenn man etwas ausleiht, ohne zu fragen oder ohne es zurückzugeben, inwiefern unterscheidet es sich vom Stehlen? Die Bibliotheken Englands haben Millionen von Büchern durch derartiges *Ausleihen* verloren. Zahlen Sie eine Rechnung nicht, so zwingen Sie im Grunde genommen jemanden, Ihnen Geld zu leihen. In den amerikanischen Südstaaten gab es einen afroamerikanischen Prediger, der sich wirklich für dieses Thema erwärmte. Er sagte: „Alle Gemeindeglieder, die Hühner gestohlen haben, steht auf und bekennt es." Niemand rührte sich. „Alle Gemeindeglieder, die Ferkel gestohlen haben, steht auf und bekennt es." Wieder keine Reaktion. „Alle Gemeindemitglieder, die Mais gestohlen haben, steht auf und bekennt es." Es rührte sich immer noch niemand.

Da beendete er die Predigt, sie sangen das letzte Lied, und er stellte sich an die Tür. Als die Gemeinde hinausging, wischte sich ein Mann den Schweiß von der Stirn und sagte: „Pastor, hätten Sie ‚Enten' gesagt, wäre ich geliefert gewesen." Was uns daran erinnert, dass der Herr Mittel und Wege hat, uns auf die Schliche zu kommen. Wir mögen nicht speziell etwas in Ihrem oder meinem Leben angesprochen haben, doch das bedeutet nicht, dass die Gebote Gottes keine Anwendung fänden. Der Heilige Geist wird sie auf seine Art anwenden.

## NICHT STEHLEN

Eine andere Geschichte aus derselben Gegend handelt von einer Gruppe von Diakonen, die den Pastor nach einer Predigt zu diesem Gebot in die Sakristei bugsierte und sagte: „Pastor, du kümmerst dich weiter um das Evangelium und lässt die Finger vom Hühnerklau." Doch der Pastor war im Recht: Das Evangelium betrifft auch den Hühnerklau, weil es dabei um Rettung geht. Als ein Mann namens Zachäus sagte: „Ich werde vierfach zurückerstatten", erklärte Jesus: „Rettung ist in dieses Haus gekommen." Rettung ist gekommen, wenn sie sich auf diese Weise zeigt.

Es gibt eine weitere Form des Diebstahls in der Bibel, die wir betrachten müssen, dabei geht es darum, *Gott zu bestehlen*. Welch außergewöhnlicher Begriff! Wenn Stehlen in Ordnung wäre, wenn Sie jemandem etwas wegnehmen dürften, der es sich leisten kann, dann können Sie auch Gott bestehlen. Ihm gehört alles. Doch betrachten wir diesen Begriff etwas genauer. Wenn Menschen zu bestehlen zeigt, dass Sie eine falsche Haltung zum Eigentum anderer haben, so zeigt Diebstahl Gott gegenüber, dass Ihre Haltung zu Ihrem eigenen Hab und Gut nicht stimmt. Ich werde es Ihnen gleich erklären. Zu behaupten: „Was dein ist, ist auch mein", ist Diebstahl an Menschen. Doch mit der Haltung: „Was mein ist, gehört mir", bestehlen Sie laut der Bibel Gott.

Kehren wir zum „Kommunismus" des Neuen Testaments zurück. Es heißt in Apostelgeschichte 4,32, dass keiner der ersten Christen behauptete, sein Besitz gehöre ihm allein. Man hat daraus die voreilige Schlussfolgerung gezogen, dass sie damit sagten: „Es gehört nicht mir, sondern dir." Doch das haben sie nicht gesagt. Sie erklärten vielmehr: „Es gehört nicht mir, sondern ihm" – und das ist etwas völlig anderes. Sie glaubten Folgendes: Wenn der Herr Jesus mit seinem eigenen Blut einen so hohen Preis bezahlt hatte, erkaufte er nicht nur mich selbst, sondern auch alles, was mir gehört. Das ist ein tiefgreifendes Verständnis der Erlösung, die Christus gebracht hat. Er hat mich nicht nur erkauft, sondern er hat mich freigekauft samt allem, was mir gehört. Daher gehört es nicht mir, sondern ihm. „Gebt Gott, was Gottes ist."

Betrachten wir nun drei Arten, wie wir Gott berauben können. Erstens, wir können Gott *Geld* stehlen. Wenn Sie etwas in die Kollekte legen, denken Sie dann, Sie geben ihm etwas von Ihrem Geld, oder ist Ihnen vielmehr bewusst, dass Sie ihm etwas geben, was ihm zusteht? Das macht bei der Kollekte einen riesigen

# DIE GEBRAUCHSANWEISUNG DES SCHÖPFERS

Unterschied. Zweitens, wir können Gott *Zeit* rauben. Wieviel von Gottes Wirken wird durch folgenden kleinen Satz verkrüppelt und aufgehalten: „Ich habe keine Zeit." Doch wir haben alle Zeit der Welt. Jeder von uns hat 24 Stunden am Tag. Wir mögen nicht gleichgestellt sein, was das Geld betrifft, doch er hat uns dieselbe Zeit gegeben. Wir können Gott Zeit rauben, die ihm zusteht, weil sie *ihm* gehört. Es geht nicht nur darum, dass meine Zeit in der Gemeinde oder die Zeit am Sonntag ihm gehört – das wahre christliche Verständnis lautet, dass er mich erkauft hat, daher hat er meine gesamte Zeit erworben. Die Frage ist: Wieviel von seiner Zeit darf ich haben? Und nicht: Wieviel meiner Zeit wird *er* bekommen?

Die dritte Art, wie wir Gott fürchterlich berauben können, betrifft unsere *Gaben*. Ich glaube nicht, dass es einen einzigen Christen gibt, der keine Gabe hat. Manche verfügen über mehr Gaben als andere, und Gott teilt sie souverän aus, doch laut der Bibel gibt er jedem einzelnen Menschen Gaben. Jeder hat eine Gabe, die er einsetzen kann. Wahrscheinlich ist es von besonderer Bedeutung, dass der Mann mit nur einem Talent auch derjenige war, der es vergrub und später wieder hervorholte. Der Herr war zornig auf diesen Knecht und sagte: Du hast mich dadurch beraubt, dass du dieses Talent, das ich dir gegeben habe, nicht genutzt hast. Nicht einmal Zinsen hast du erwirtschaftet, du hättest es verleihen oder investieren können. Ich hätte daraus einen Nutzen ziehen können. Stattdessen hast du es vergraben, weil du nur ein kleines Talent hattest, und mich der Zinsen beraubt. Gott hat Talente in uns investiert, weil er aus ihnen einen Ertrag erwartet. Wenn ich behaupte: „Ich habe kein Talent", oder: „Tut mir leid. Ich bin zu beschäftigt, dir mein Talent zur Verfügung zu stellen", dann beraube ich Gott.

Es ist wichtig zu erwähnen, dass es *Vergebung für Diebstahl gibt*. Es ist keine unverzeihliche Sünde. Wenn Sie anständig erzogen worden sind, schauen Sie vielleicht auf einen Ladendieb herab oder auf jemanden, der in der Fabrik Werkzeug klaut, doch ich möchte betonen, dass es vergeben werden kann. Ich beweise das durch einen sterbenden Dieb, der in den letzten Minuten seines Lebens für seine Tat bezahlte und sagte: „Herr...", und der Herr vergab ihm.

Schließlich, warum sollten wir stehlen, wenn wir so reich

## NICHT STEHLEN

sind? Ich habe von einem jungen Mann aus einer wohlhabenden Familie gehört, der Ladendiebstähle beging. Das ist verrückt, doch manche tun das. Warum sollten wir Christen danach streben, uns zu bereichern, wenn wir doch Millionären vergleichbar sind – wir leben in Christus, und durch seine Armut sind wir reich geworden. Alles gehört uns in Christus. Das ganze Universum wird uns einmal gehören, lassen Sie uns daher wie Millionäre leben. Erkennen wir doch, dass wir hier sind, um zu geben, um den Reichtum der Gnade Gottes auszuteilen – und nicht, um von anderen Menschen zu nehmen oder um zu versuchen, Wettbewerbe zu gewinnen oder etwas umsonst zu bekommen. Wir sind auf dieser Erde, um den Reichtum unseres himmlischen Vaters zu verteilen. Das ist unser Vorrecht. Wer gestohlen hat, der stehle nicht mehr, sondern arbeite und schaffe mit eigenen Händen das nötige Gut, damit er dem Bedürftigen abgeben kann.

# 9

# Kein falsches Zeugnis reden

Das neunte Gebot, das Gott durch Mose gab, lautet: „Du sollst nicht falsch Zeugnis reden wider deinen Nächsten." Je mehr wir die Zehn Gebote studieren, desto klarer wird uns, dass es nicht zehn einzelne sind, sondern eines. Diese Zehn Gebote sind wie die Glieder einer Kette: Zerbrechen Sie irgendeines davon, dann haben Sie die ganze Kette kaputtgemacht. Das Neue Testament führt uns das vor Augen, daher sollten Sie Ihren „geistlichen Lebensstandard" nicht am stärksten Glied, sondern am schwächsten messen – nicht an den Geboten, die Sie einhalten können, sondern an denen, die Sie gebrochen haben. Wir betrachten die Zehn Gebote als einen zusammenhängenden Standard – Gott hat keinesfalls am Ende eine Klausel hinzugefügt, dass wir nur sechs von zehn einhalten müssten. Es ist seine *Kette* eines christlichen Charakters; die Kette christlicher Ethik. Zerreißen wir sie an irgendeiner Stelle, haben wir sie in ihrer Gesamtheit verdorben; wir haben das Gesetz gebrochen. Man sagt, dass wir beim neunten Gebot zu einem Gesetz kämen, das großflächiger und häufiger gebrochen wird als jedes andere der Zehn. Hier liegt also für viele von uns ein schwaches Kettenglied.

Das neunte Gebot ist auf zwei Arten sehr eng mit einigen anderen Geboten verbunden. Zum einen drehen sich die letzten drei Gebote, die Nummern acht, neun und zehn, alle um Raub. Nummer acht behandelt den Raub durch aktives Handeln, Nummer neun den Raub durch Worte und Nummer zehn den Raub in Gedanken: „Du sollst nicht begehren." Wir können dieses Gebot auch noch mit einem weiteren in Verbindung setzen. Wir haben gesehen, dass es fünf Gebote gibt, die unsere Beziehung zu Gott betreffen, und fünf, die unser Verhältnis zu unseren Mitmenschen regeln, und in jedem dieser fünf hatte eines – das dritte und das neunte – mit unserer Zunge zu tun.

Die tödlichste Waffe, die ein römischer Soldat besaß, war ein kurzes, breites Schwert mit einem Grat in der Mitte der Längsachse. In Form und Aussehen sah es genauso aus wie eine Zunge. Darum werden Worte in der Bibel oft mit dem Begriff eines zweischneidigen Schwertes beschrieben. Genau wie ein römischer Soldat ein Stück Metall in der Form einer Zunge dazu verwenden konnte, Schaden anzurichten, können wir dasselbe tun. Der Begriff „schneidende Bemerkung" weist darauf hin.

Jetzt kommen wir also zum neunten Gebot, das unseren Sprachgebrauch betrifft. Wir werden erkennen, dass es trotz seiner engeren Anwendung auf Meineid vor Gericht noch eine weitere Auslegung dieses Gebotes gibt, die wir alle ernstnehmen müssen – wir müssen ihr erlauben, uns mit ihrer scharfen Klinge tief zu durchdringen. Wie schwerwiegend sind Sünden, die wir mit der Zunge begehen? Die meisten von uns entschuldigen sie und nehmen sie auf die leichte Schulter. Es gab in meiner Kindheit einen kleinen Liedvers, der lautete: „Stock und Stein bringt Schmerz und Pein, doch Schimpferei tut mir nicht weh." Nichts könnte der Wahrheit weniger entsprechen. Shakespeare war viel näher dran, als er sagte: „Wer meinen Beutel stiehlt, nimmt Tand; 's ist etwas und nichts; mein war es, ward das Seine nun, und ist der Sklav' von Tausenden gewesen, doch wer den guten Namen mir entwendet, der raubt mir das, was ihn nicht reicher macht, mich aber bettelarm." Das kommt der Wahrheit viel näher.

Die Bibel nimmt dies sehr ernst. Sie haben vom *lex talionis* gehört, dem Gesetz, das festschreibt: „Auge um Auge, Zahn um Zahn, Leben um Leben." Dieses Gesetz, das ein tiefgreifendes Anschauungsbeispiel für Gerechtigkeit darstellt, enthielt eine derart schwere Strafe, dass es im jüdischen Recht nur für drei Verbrechen vorgesehen war, u.a. für Meineid. Fügte ein Mann, der vor Gericht falsches Zeugnis ablegte, einer unschuldigen Person Schaden zu, so sollte er genau auf dieselbe Art und im selben Umfang leiden: Auge um Auge und Zahn um Zahn.

Im Neuen Testament werden Sünden der Zunge sogar noch ernster genommen. Jesus sagte Folgendes: „Und ich sage dir, dass du am Tag des Jüngsten Gerichts Rechenschaft für jedes unnütze Wort ablegen musst, dass du gesprochen hast." Ihre

# KEIN FALSCHES ZEUGNIS REDEN

Worte in der Gegenwart bestimmen Ihr Schicksal in der Zukunft. Entweder werden Sie durch Ihre Worte gerechtfertigt oder durch sie verdammt. Es gibt kaum eine Aussage, die schwerer wiegt: „jedes unnütze Wort." Betrachten Sie die Lehre des Paulus. Im selben Atemzug erwähnt er Verleumder und Mörder und erklärt, beide würden nicht das Reich Gottes erben. Verleumder und Mörder werden also in ein- und dieselbe Kategorie eingeordnet. Hier sehen wir also das Verbrechen, die Sünde, das Laster, wie auch immer Sie es nennen wollen – um das es im neunten Gebot geht.

Warum nimmt es die Bibel so ernst? Warum verbringt ein Gericht so viel Zeit damit, Zeugen anzuhören? Ich habe viele ermüdende Stunden in einem Gerichtssaal miterlebt und mir dabei gedacht: Was für eine langweilige Sache, tagein, tagaus. Warum tun sie das? Die Antwort lautet, dass Gerechtigkeit erst möglich wird, wenn die Wahrheit ans Licht gekommen ist. Daher nimmt eine Person im Zeugenstand (in England) eine Bibel in die Hand und sagt: „Ich schwöre bei Gott, dem Allmächtigen, die Wahrheit zu sagen, die ganze Wahrheit und nichts als die Wahrheit", oder sie legt einen Eid ohne religiöse Beteuerung ab. Solange man nicht die Wahrheit spricht, wird Gerechtigkeit verhindert. Lügen lassen den Schuldigen frei ausgehen und den Unschuldigen leiden. Lügen pervertieren die Gerechtigkeit, und weil Gott ein Gott der Gerechtigkeit ist, verlangt er die Wahrheit. Unwahre Behauptungen über einen anderen führen dazu, dass Unrecht geschieht. Gerechtigkeit und Wahrheit gehören zusammen.

Wir wollen nun drei Fragen stellen. Erstens, welche Sünde hat Gott bei diesem Gebot im Kopf? Zweitens, wie begehen wir sie? Drittens, warum begehen wir sie? Jeder von uns sollte sich fragen, warum wir sie begangen haben, weil es meiner Ansicht nach auf uns alle zutrifft. Was hat uns dazu bewegt?

Doch zunächst einmal, worum handelt es sich? Wir beginnen mit der grundlegenden Bedeutung des Meineids, der vor Gericht geschieht. Meineid bezeichnet das Verbrechen, im Zeugenstand zu stehen und nicht die Wahrheit zu sagen. Im englischen Gericht gehört Meineid zu den schwerwiegendsten Verbrechen. Er wird so ernst genommen, weil er die Gerechtigkeit ins Gegenteil verkehrt. Beachten Sie bitte, dass es nicht ausreicht, die Wahrheit zu sagen. Ein falscher Zeuge kann Dinge sagen, die wahr sind, die jedoch nicht der *ganzen* Wahrheit entsprechen.

# DIE GEBRAUCHSANWEISUNG DES SCHÖPFERS

Es gibt zwei Arten, die Wahrheit zu verdrehen. Die eine besteht darin, weniger als die ganze Wahrheit zu sagen, die andere darin, mehr als die ganze Wahrheit zu behaupten. Beides ist ein falsches Zeugnis oder Meineid. Es genügt nicht, dass Ihre Aussage über andere in sich der Wahrheit entspricht, Sie müssen die ganze Wahrheit sagen, das Gesamtbild darstellen – und wir dürfen kein einziges (unwahres) Detail hinzufügen. „Ich schwöre bei Gott, dem Allmächtigen, die Wahrheit zu sagen", das reicht nicht. „Die ganze Wahrheit" bedeutet, dass Sie nichts zurückhalten werden. „Nichts als die Wahrheit" heißt, dass ich sie nicht mit meinen eigenen Eindrücken, Meinungen oder Vorstellungen ausschmücken werde. Darin besteht also das Verbrechen des Meineids. Wenige von uns waren bisher im Zeugenstand vor Gericht, daher sind wir nicht versucht worden, die Wahrheit zurückzuhalten oder in einem Rechtsstreit etwas hinzuzufügen. Daher mögen wir uns momentan recht wohl fühlen, doch gehen wir einen kleinen Schritt weiter.

Es gibt ein weiteres *Gericht*, in dem wir alle Zeugen sind, und das ist der „Gerichtssaal der öffentlichen Meinung". Die einzige Möglichkeit zu verhindern, in diesem Gericht im Zeugenstand zu landen, besteht darin, niemals Ihren Mund zu öffnen und über eine andere Person zu sprechen. Tun Sie das, schotten Sie sich selbst ab und führen das Leben eines Einsiedlers. Jeder von uns hat über andere Menschen gesprochen und vor diesem Gericht über sie Zeugenaussagen gemacht. Unsere Aussage hat bestimmt, ob sie von den Menschen, zu denen wir gesprochen haben, gerecht oder ungerecht behandelt worden sind. Jeder von uns steht in diesem Zeugenstand.

Das englische Wort *gossip* (Klatsch; auch Klatschmaul) hat eine interessante Geschichte. Wenn ich Sie ein *Klatschmaul* nennen würde, wie würden Sie sich fühlen? Würden Sie noch mit mir sprechen? Vor 500 Jahren wären Sie begeistert gewesen, wenn ich Sie so genannt hätte. Es wäre anders als heute ein Kompliment gewesen. Das Wort *gossip* beinhaltete ursprünglich den Buchstaben „d". Das ursprüngliche Wort lautete *god-ship* – und es bedeutete ein gottgefälliges Interesse an anderen Menschen, ein von Gebet begleitetes Kümmern um andere. Taufpaten (auf Englisch *godparents*) wurden bei der Taufe eines Babys gefragt: „Seid Ihr bereit, ‚godships' für diesen Säugling zu sein?" Daraus wurde dann *gossip*. Daher war damals ein *gossip* jemand, der Gott

## KEIN FALSCHES ZEUGNIS REDEN

gegenüber über eine andere Person *tratschte* und für sie betete. Dann wurde die Bedeutung abgeschwächt und beschrieb nur noch ein freundschaftliches Interesse. In Shakespeares Drama Heinrich V. gibt es eine Szene in der Nacht vor der Schlacht von Azincourt. Zwei Soldaten sprechen über die Bedeutung ihrer Freundschaft zueinander, sollten sie am nächsten Tag getötet werden. Sie bezeichnen sich gegenseitig nicht als Freunde oder als Kumpel, sondern sagen: „Du bist mein gossip", was „Du bist mein Freund" bedeutet. Doch die Bedeutung hat sich verändert. Es gibt zwei Zitate, die ich verwende. George MacDonald hat gesagt: „Klatsch ist das Raubtier, das nicht auf den Tod des Geschöpfs wartet, das es verschlingt"; Pascal hat erklärt: „Sollte jeder Mensch auf der Welt wissen, was alle anderen über ihn gesagt haben, würde es auf dieser Erde keine Freundschaften mehr geben."

Es ist ein ernüchternder Gedanke: Kaum jemand würde sich wünschen, dass andere alles erfahren würden, was man über sie gesagt hat. Auf diese Art brechen wir das neunte Gebot.

Wie also legen wir falsches Zeugnis ab? Ich habe bereits einige Hinweise gegeben. Natürlich können Sie eine glatte Lüge über jemanden erzählen, die Sie sich ausgedacht haben. Nicht viele von uns tun so etwas – wahrscheinlich wäre uns das zu bewusst. Wir kommen der Sache am nächsten, wenn wir ein Gerücht weitergeben, ohne überprüft zu haben, ob es stimmt. Das kommt einer Lüge am nächsten.

Allerdings gibt es subtilere Methoden, dieses Gebot zu verletzen. Ich werde vier ganz simple auflisten: indem wir einen Ausschnitt der Wahrheit weitergeben – damit meine ich, nur ein paar Details zu erzählen, jedoch nicht alle. Wie ich schon erwähnt habe, können Sie einen falschen Eindruck erzeugen. Eine direkte Lüge ist nicht annähernd so gefährlich wie eine Halbwahrheit. Die zweite Art, wie wir es getan haben könnten, besteht in Andeutungen. Wir treffen keine klare Aussage, wir äußern einfach eine Vermutung. Wir sagen beispielsweise: „Wenn daran nicht etwas faul ist, warum verbringt er dann so viel Zeit in ihrer Wohnung?" Darum geht es. Wie Sie sehen können, handelt es sich nur um eine Andeutung und eine Vermutung. Sie haben keine direkte Lüge geäußert, sondern nur eine Frage gestellt und dadurch Zweifel gesät. Die dritte Art ist Schweigen: eine Geschichte, von der Sie wissen, dass sie falsch ist, nicht richtigzustellen. Die vierte Methode, falsches

# DIE GEBRAUCHSANWEISUNG DES SCHÖPFERS

Zeugnis abzulegen, besteht darin, die Wahrheit zu verfälschen, wenn es Ihnen nützt – indem Sie Details hinzufügen, die nicht in der ursprünglichen Geschichte enthalten waren. Zwei weitere Dinge sind relevant. Erstens, selbst wenn eine Geschichte wahr ist, bedeutet es nicht notwendigerweise, dass es richtig ist, sie weiterzuerzählen. Die Bibel lehrt Folgendes: Handelt es sich um eine wahre Geschichte, sollte sie der Person erzählt werden, die sie betrifft, und nicht jemand anderem. Mit anderen Worten: Sagen Sie es der betreffenden Person ins Gesicht und reden sie nicht hinter ihrem Rücken darüber. Zweitens, Sie können auch ein falscher Zeuge *für* jemanden sein statt gegen jemanden. Schmeicheln Sie jemandem, so legen Sie falsches Zeugnis für diese Person ab. Ab und zu werde ich gebeten, aufgrund meiner Position ein Empfehlungsschreiben auszustellen, da man davon ausgeht, die Beurteilung eines Geistlichen habe einen gewissen Wert. Ein Geschäftsmann sagte einmal, das träfe nicht zu, weil sie unterschiedslos zu optimistisch ausfallen und nur Positives beinhalten würde. Ich fürchte, ich muss Sie warnen: Sollten Sie ein Empfehlungsschreiben von mir wollen, werde ich Ihnen ein ehrliches ausstellen, weil ich überzeugt bin, eine Empfehlung sollte aufrichtig sein. Sie können dadurch für jemanden falsches Zeugnis ablegen, dass Sie etwas vertuschen – oder gegen jemanden, wenn Sie den Fehler übertreiben.

Warum tun wir das? Warum ertappen wir uns dabei, im Forum der öffentlichen Meinung falsches Zeugnis über andere abzulegen? Es ist erstaunlich, wie leicht uns das fällt. Dahinter liegt etwas Furchtbares. Für uns alle ist es einfach zu leicht. In dem Versuch, mein eigenes Herz und die Herzen anderer zu erforschen, bin ich auf vier Gründe gestoßen. Der erste Grund ist Feigheit. Manchmal legen Menschen vor Gericht falsches Zeugnis ab, weil Sie Angst haben, die Wahrheit zu sagen. Es gibt Menschen, die bestimmte Dinge über Ihre Nachbarn wissen und sich fürchten, es zu erzählen. Sie haben Angst, zu den Behörden zu gehen, da sie Vergeltung befürchten. Feigheit kann uns davon abhalten, die ganze Wahrheit zu sagen. Wir fürchten uns vor dem, was passieren könnte, wenn wir die ganze Wahrheit und nichts als die Wahrheit berichten.

Der zweite Grund sind Vorurteile. Wenn wir uns eine Meinung gebildet haben und die Fakten nicht unserer Meinung entsprechen, neigen wir dazu, wenn wir nicht aufpassen, die Fakten zugunsten

## KEIN FALSCHES ZEUGNIS REDEN

unserer Meinung zu verdrehen. Es ist eine Schwäche unseres menschlichen Verstandes, dass wir dazu in der Lage sind. Wie eine Dame einmal zu ihrer Gesprächspartnerin über eine dritte Person sagte: „Ich mag sie nicht, und nach allem, was ich über sie gesagt habe, werde ich sie niemals mögen". Was für eine Aussage! Sind wir zu einer voreingenommenen Meinung gelangt und ein Bericht erreicht uns, der nicht zu unserer Entscheidung passt, dann sind wir versucht, falsches Zeugnis abzulegen.

Der dritte Grund ist Habgier. Manchmal können wir dadurch etwas gewinnen. Sowohl Sie als auch Ihr Kollege im Büro stehen kurz vor der Beförderung. Es ist eine große Versuchung, etwas über den anderen Kandidaten zu verbreiten, das bei Ihrem Chef landen und ihn zu Ihren Gunsten beeinflussen könnte.

Der vierte ist jedoch der Hauptgrund: Bosheit. Die traurige Wahrheit ist, dass wir es genießen, wir haben Spaß an Klatsch und Tratsch. Würde es uns nicht gefallen, würden zwei Drittel der heute publizierten Zeitungen bankrottgehen. Das Problem ist folgendes: Wenn es Ihnen Freude macht, Klatsch und Tratsch durch Augen oder Ohren aufzunehmen, können Sie sich selbst das Vergnügen nicht versagen, dasselbe aus Ihrem Mund kommen zu lassen. Das ist das Gesetz der menschlichen Natur. Was in eine Person hineinkommt, kommt aus ihr heraus. Wo haben wir das her? Ganz einfach gesagt, Sie haben das von Ihrem Vater bekommen, genau wie ich. Weder von meinem irdischen, noch von meinem himmlischen, sondern von meinem anderen Vater. Jesus sagte einmal zu einer Gruppe von Männern: „Ihr seid Kinder des Teufels. Er ist der Vater der Lüge." Dort haben wir es her; aus diesem Grund tun wir es. Blättern Sie zurück zum Anfang der Bibel. Dort sehen Sie, dass der Teufel von Anfang an zwar keine direkten Lügen erzählte, aber die Wahrheit verzerrte, sodass sie wie die Wahrheit klang, es jedoch nicht war – das ist seine Natur. Er kam zu Adam und Eva im Garten und sagte zu Eva: „Ja, sollte Gott gesagt haben: Ihr sollt nicht essen von allen Bäumen im Garten?" (1. Mose 3,1; LUT). Nur ein Begriff unterschied sich von dem, was Gott tatsächlich gesagt hatte, doch er verzerrte die gesamte Bedeutung. Gott hatte gesagt: „Ihr sollt nicht essen von einem Baum im Garten." Später erzählte der Teufel wieder eine Halbwahrheit. Er sagte: „Wenn ihr diese Frucht esst, werden eure Augen geöffnet und ihr werdet sein wie Götter" – was nur

## DIE GEBRAUCHSANWEISUNG DES SCHÖPFERS

zur Hälfte stimmte. Sie nahmen die Frucht, ihre Augen wurden aufgetan, und sie waren wie Tiere.

Das ist das verzerrte Denken des Teufels: Er erzählt keine direkte Lüge, sondern eine Halbwahrheit; er verändert ein Wort. Daran erkennen wir Folgendes: Weil der Teufel es tat und Adam und Eva sich ihm unterordneten, nahmen sie und ihre Kinder dieselbe Gewohnheit an, die Wahrheit zu verdrehen. Gott fragte: „Adam, wo bist du?" und Adam erklärte, er sei nackt. Versteckte er sich aus diesem Grund? Das war nur die halbe Wahrheit. Ja, er war nackt und schämte sich dafür, doch das war nur die halbe Wahrheit. „Kain, wo ist dein Bruder?" „Woher soll ich das wissen?" Das war keine Lüge. „Bin ich der Hüter meines Bruders?" Das war auch keine Lüge, nur eine Frage. Doch erkennen Sie, wie der Teufel die Menschheit infizierte? Seither mussten wir keinem Kind beibringen, wie man lügt, sondern Eltern befinden sich in einem ständigen Kampf, ihrem Nachwuchs beizubringen, die Wahrheit zu sagen, die ganze Wahrheit und nichts als die Wahrheit.

Es hat sich bis auf uns übertragen. Der Name des Teufels auf Griechische lautet *Diabolos,* was Durcheinanderbringer bedeutet. Eines Tages gab es einen guten Mann auf der Erde, einen Mann, der Gott liebte. Sein Name war Hiob. Der Teufel ging zu Gott selbst und sagte: „Gott, dieser Mann liebt dich nicht um deiner selbst willen. Er liebt dich nur, weil du ihm eine gute Arbeit, eine wunderbare Familie, Gesundheit und Kraft gegeben hast. Nimm diese Dinge weg und lass es dir gesagt sein: Er wird von Herzen verdorben."

Gott sagte: „Satan, du lügst. Nimm ihm seine Gesundheit, seine Familie, seine Arbeit und schau, wie er reagieren wird."

Der Teufel unterstellt Männern Gottes immer Hintergedanken und verleumdet sie.

Eines Tages kam zum ersten Mal ein Mann, der die Wahrheit sagte, in diese traurige, kranke Welt der Lügen, die vom Teufel kontrolliert wird und in der Wahrheit ein seltenes Gut ist – er sagte die ganze Wahrheit und nichts als die Wahrheit. Sein Name war Jesus, und er sagte: „Ich bin die Wahrheit." Als er in diese kranke Welt kam, konfrontierte die Wahrheit alle Lügen. Es gibt auch nicht die Spur einer Schmeichelei in den Aussagen Jesu über andere Menschen. Nannte er einen Mann einen „Fuchs", was er tat, dann war dieser Mann ein Fuchs. Nannte er diesen Mann oder diese Frau eine liebenswerte Person, dann war es eine liebenswerte

# KEIN FALSCHES ZEUGNIS REDEN

Person. Alles, was er über Menschen sagte, entsprach der Wahrheit. Dadurch verlor er viele Freunde, doch es war die Wahrheit, die ganze Wahrheit und nichts als die Wahrheit. Er konnte in einen Menschen hineinblicken und sein Leben bis in Innerste korrekt beschreiben – und es stimmte immer. Er machte nie einen Fehler und legte niemals falsches Zeugnis über jemanden ab. Auch redete er kein falsches Zeugnis über sich selbst, nicht einmal im Sinne zu großer Bescheidenheit. Er machte erstaunliche Behauptungen über sich selbst, doch sie entsprachen der Wahrheit, der ganzen Wahrheit und nichts als der Wahrheit. Was geschah mit diesem Mann im Alter von 33 Jahren, mit diesem Mann, der der Sohn Gottes war? Gott ist Wahrheit, und daher ist es sein Sohn ebenfalls. Die Wahrheit lebte unter uns – in einer Welt der Lügen. Was würde geschehen? Sie wissen es. Es gab eine direkte Konfrontation zwischen Wahrheit und Lüge, und es kam zum Prozess gegen Jesus. Wenn es jemals Ungerechtigkeit gegeben hat – dort geschah sie. Es hat noch nie ein so ungerechtes Gerichtsverfahren gegeben wie den Prozess gegen den, der die Wahrheit war.

Sie versuchten, falsche Zeugen aufzubieten. Sie konnte die Zeugen nicht zu übereinstimmenden Aussagen bringen. Doch statt sie des Meineides anzuklagen und verdienterweise ins Gefängnis zu werfen (tatsächlich bestimmte das Gesetz, dass sie sterben mussten, weil sie versuchten, einen Mann durch Meineid zum Tode verurteilen zu lassen), setzten sie das Verfahren fort. Schließlich fanden sie einen Zeugen, der erklärte: „Dieser Mann hat gesagt: Zerstört diesen mit Händen gemachten Tempel, und ich werde ihn in drei Tagen wiederaufrichten, einen Tempel, der nicht mit Händen gemacht ist."

Sie wissen, dass es in diesem ganzen Satz nur eine falsche Angabe gibt, doch sie genügte, um den Hohepriester zu veranlassen, Jesus eine entscheidende Frage zu stellen. Er sagte: „Ich beschwöre dich, sag uns, bist du der Sohn des lebendigen Gottes?"

Jesus antwortete ihm die Wahrheit, die ganze Wahrheit und nichts als die Wahrheit. „Ich bin es, und ihr werdet den Sohn des Menschen auf den Wolken des Himmels kommen sehen." Es war die Wahrheit, und sie verurteilten ihn zum Tode, weil er die Wahrheit gesagt hatte.

Nach ihrer Überzeugung starb Jesus, weil er nicht die Wahrheit gesagt hatte. „Gotteslästerung", sagten sie – das kann nicht wahr sein; du kannst nicht der Sohn Gottes sein. Ich glaube, das Schlimmste daran, der Höhepunkt von dem allen war, dass sogar sein bester Freund in dieser Nacht Lügen über ihn erzählte. Erkennen Sie, dass der Feind alles gegen Jesus aufbrachte? Der Teufel packte jeden, den er in die Hände bekommen konnte, um in dieser Nacht Lügen zu verbreiten. Simon Petrus sagte: „Ich weiß nicht, von wem du sprichst. Ich habe nichts mit ihm zu tun." Lügen, Lügen, Lügen. Die Wahrheit in Person ging allein fort, um zu sterben. Ohne einen Gott der Wahrheit wäre es das gewesen. Wenn es keinen Gott im Himmel gäbe, der sich um die Wahrheit auf der Erde kümmert, würde Jesus jetzt modernd im Grab liegen, wie der Körper von John Brown [*amerikanischer Gegner der Sklaverei, der 1859 hingerichtet wurde, Anmerkung der Übersetzerin*]. Doch es gibt einen Gott der Wahrheit und Herrlichkeit, einen Gott, der nicht zulässt, dass Lügen die Wahrheit überwinden. Seit diesem Ostersonntagmorgen wissen wir bis in alle Ewigkeit, dass die Wahrheit stärker ist als die Lüge und dass Jesus stärker ist als Satan. Daher können wir ihm unser beflecktes Leben bringen, das sein Gebot gebrochen hat, und sagen: „Jesus, bitte wiederhole diesen Sieg in mir."

Es ist der einzige Weg, auf dem dies gelingen wird. Versuchen Sie einfach mal, aus eigener Kraft mit dem Tratschen aufzuhören! Versuchen Sie es und kontrollieren Sie selbst Ihre Zunge – das wird nie gelingen. Das Neue Testament ist bei diesem Thema sehr realistisch. Es gibt quasi zu, dass es ein schwerer Kampf sein wird. Unsere Worte werden möglicherweise das Allerletzte sein, was Gott unter seine vollkommene Kontrolle bekommt. Jakobus, der Bruder Jesu, schreibt: „Wenn du deine Zunge unter Kontrolle hast, bist du vollkommen." Das Herrliche daran ist, dass der Gott, der ein gutes Werk in uns begonnen hat, es auch vollenden wird. Er wird uns vollkommen machen. Dazu ist er entschlossen. Er wird weiterhin mit uns ringen, uns bestrafen, demütigen, lieben und uns helfen, bis er diese Schlacht gewinnt, denn die Wahrheit muss gewinnen. Als Junge wurde ich durch ein Messingschild über dem Kamin in unserem Esszimmer ständig daran erinnert. Darauf stand: „VINCIT VERITAS" (Die Wahrheit siegt).

Das Wunderbare ist, dass er Sie nicht nur durch seine Kraft befähigen will, damit aufzuhören, *gegenüber* anderen Menschen

## KEIN FALSCHES ZEUGNIS REDEN

falsches Zeugnis abzulegen. Er wird Sie auch in die Lage versetzen, falsches Zeugnis *von* anderen Menschen zu ertragen. Denn jeder, der in unserer Welt für die Wahrheit einsteht, wird es erleben, dass über ihn Lügen verbreitet werden. Das können Sie nicht verhindern. Es geschah mit Jesus und es wird auch Ihnen passieren. Deshalb sagte er in der Bergpredigt: „Glücklich könnt ihr euch schätzen, wenn ihr verachtet, verfolgt und verleumdet werdet, weil ihr mir nachfolgt" (Matthäus 5,11). Es zeigt, dass Sie zum Himmelreich gehören und einer edlen Armee von Propheten nachfolgen. Sie können sich glücklich schätzen.

Die Bedeutung des neunten Gebots liegt also in der Wahrheit. Jakobus, der Bruder des Herrn, sprach mehr als jeder andere Apostel über den Schaden, der mit der Zunge angerichtet werden kann. In Markus 3 lesen wir, dass die Familie Jesu ihn mit Gewalt ergreifen wollte, weil sie sagte: „Er hat den Verstand verloren!"

Alle von uns haben Dinge gesagt, die wir bitter und zutiefst bereuen. Jesus ist gestorben, um uns von der Strafe unserer Sünde zu befreien, genauso wie von ihrer Macht. Preis sei Gott dafür!

# 10

# Nicht begehren

Im Folgenden einer der schlimmsten Fälle des Begehrens in der Bibel. Es ist der Bericht über einen König, der etwas haben wollte, was er nicht bekommen konnte.

König Ahab von Samaria besaß in der Stadt Jesreel einen Palast. Direkt an sein Grundstück grenzte ein Weinberg, der einem Mann aus Jesreel gehörte. Er hieß Nabot. Eines Tages sagte der König zu Nabot: „Verkauf mir doch deinen Weinberg! Ich möchte einen Gemüsegarten anlegen, und dein Grundstück wäre am besten dafür geeignet, weil es gerade neben meinem Palast liegt. Ich gebe dir dafür einen besseren Weinberg, oder ich zahle dich aus. Was ist dir lieber?

Doch Nabot antwortete: „Niemals verkaufe ich dir dieses Grundstück, das Erbe meiner Vorfahren! Der HERR bewahre mich davor!"

Missmutig ging Ahab in den Palast zurück. Er war wütend, dass Nabot ihm den Weinberg nicht verkaufen wollte, nur weil es ein Erbstück seiner Vorfahren war. Vor Ärger rührte er sein Essen nicht an, sondern legte sich ins Bett und drehte sich zur Wand. [Erstaunlich, dass ein König so etwas tat.] Seine Frau Isebel sah nach ihm und fragte: „Warum bist du so schlecht gelaunt und willst nichts essen?"

„Weil dieser Nabot aus Jesreel mir seinen Weinberg nicht geben will!", antwortete Ahab. „Ich wollte ihm einen ansehnlichen Betrag dafür bezahlen. Ich bot ihm auch an, den Weinberg gegen einen anderen zu tauschen, falls er das lieber möchte. Aber er lehnte stur ab."

Da antwortete Isebel: „Bist du der König von Israel oder

## DIE GEBRAUCHSANWEISUNG DES SCHÖPFERS

nicht? Gut, dann steh jetzt auf, iss etwas und vergiss deinen Ärger! Du sollst deinen Weinberg haben! Ich nehme die Sache in die Hand!"
Sie schrieb im Namen des Königs einige Briefe, verschloss sie mit dem königlichen Siegel und verschickte sie an die Sippenoberhäupter und einflussreichen Männer der Stadt Jesreel. In den Briefen stand: „Ruft einen Tag der Buße aus, an dem gefastet werden soll, und versammelt das ganze Volk! Weist Nabot einen Platz ganz vorne zu. Sorgt aber dafür, dass zwei bestochene Zeugen in seiner Nähe sitzen. Sie sollen ihn vor aller Augen anschuldigen und rufen: ‚Dieser Mann hat über Gott und den König gelästert!' Dann führt ihn aus der Stadt hinaus und steinigt ihn." Die führenden Männer von Jesreel führten alles aus, was die Königin in ihrem Brief angeordnet hatte. Sie riefen einen Tag der Buße aus und wiesen Nabot in der Versammlung den vordersten Platz zu. Die beiden falschen Zeugen setzten sich in seine Nähe und belasteten ihn schwer mit ihren Aussagen. „Nabot hat über Gott und den König gelästert!", riefen sie der Menge zu. Da führte man ihn aus der Stadt hinaus und steinigte ihn. Die Stadtobersten ließen Isebel ausrichten: „Nabot wurde gesteinigt. Er ist tot." Kaum hatte Isebel diese Nachricht erhalten, sagte sie zu Ahab: „Der Weinberg gehört dir! Nabot aus Jesreel, der ihn um nichts in der Welt an dich verkaufen wollte, ist tot."

Als Ahab das hörte, ging er sogleich hinaus, um den Weinberg in Besitz zu nehmen. Da sagte der HERR zu Elia aus Tischbe: „Elia, geh zu König Ahab aus Samaria. Du findest ihn in Jesreel, in Nabots Weinberg; er ist gerade dorthin gegangen, um das Grundstück in Besitz zu nehmen. Sag ihm: ‚Ist es nicht schon genug, dass du gemordet hast? Musst du nun auch noch fremdes Gut rauben? Höre, was ich, der HERR, dir sage: An der Stelle, wo die Hunde das Blut von Nabot aufgeleckt haben, werden sie auch dein Blut auflecken!'" Elia machte sich auf den Weg nach Jesreel. Als Ahab ihn sah, rief er ihm entgegen: „So, hast du mich aufgespürt, mein Feind?" „Ja", antwortete Elia, „ich komme zu dir, weil du dich dem Bösen verschrieben hast. Höre, was der HERR dazu sagt: ‚Ich will Unheil über dich bringen und jede Erinnerung an dich auslöschen! In ganz Israel werde ich alle männlichen Nachkommen von Ahab ausrotten,

# NICHT BEGEHREN

ob jung oder alt. Du hast meinen Zorn geschürt und die Israeliten zum Götzendienst verführt. Darum soll es deinen Nachkommen so schlecht ergehen wie den Nachkommen Jerobeams, des Sohnes von Nebat, und Baschas, des Sohnes von Ahija.' Auch über Isebel hat der HERR sein Urteil gesprochen: An der äußeren Stadtmauer von Jesreel werden die Hunde sie fressen! Wer von Ahabs Familie in der Stadt stirbt, wird von Hunden zerrissen, und wer auf freiem Feld stirbt, über den werden die Raubvögel herfallen."

*1. Könige 21,1-24*

Niemand hatte sich so sehr dem Teufel verschrieben wie Ahab, denn seine Frau Isebel ermutigte ihn zu jeder Art von Bosheit. Es war das teuerste Stück Land, das er je gekauft hatte. Es kostete ihn alles: sein Leben, seinen Thron, seine Familie, seine Frau, das Grundstück – und all das geschah, weil er den Garten eines Mannes, seines Nachbarn haben wollte.

Der folgende Abschnitt trägt den Titel „*Ich will.*"

„Wenn ich doch nur...Ich will das tun, was mir Spaß macht. Wenn ich doch schon die Schule beendet hätte. Ich will weg von hier. Wenn ich nur älter wäre. Ich will etwas herumkommen, bevor ich mich niederlasse. Wenn meine Eltern mich doch nur in Ruhe lassen würden. Ich will beliebt sein. Hätte ich doch nur ein Auto. Ich will in Ruhe gelassen werden. Hätte ich doch nur viel Geld. Ich will berühmt sein. Hätte ich doch nur einen besseren Job. Ich will das Leben genießen, bevor ich alt werde. Wenn mich die Leute nur in Ruhe ließen. Ich will heiraten. Könnte ich mir nur bessere Klamotten leisten. Ich will ein besseres Leben. Hätte ich nur etwas zu tun. Ich will; ich weiß nicht, was ich will. Wenn ich doch nur...ich will – ich will."

Dieser Text wurde von einem jungen Menschen geschrieben. Eine der merkwürdigen Eigenheiten der menschlichen Natur ist: Je mehr wir haben, desto mehr wollen wird. Sonderbar, dass wir weiterhin an diese Fiktion glauben, denn es ist eine Fiktion – wenn wir nur dieses oder jenes haben könnten, dann wären wir zufrieden. Wenn wir nur dieses Ziel erreichen würden, dieses besitzen könnten, wie

# DIE GEBRAUCHSANWEISUNG DES SCHÖPFERS

Mister x oder y sein könnten – dann wären wir endlich glücklich. Doch im Großen und Ganzen sind es die reichen Länder, die am meisten auf Gewinn ausgerichtet sind. Je mehr wir haben, desto mehr wollen wir. Dieses Land hat so viel, verglichen mit zwei Dritteln der Weltbevölkerung, doch die meisten Wahlen werden hier anhand eines Themas entschieden: Wieviel Geld Sie in der Tasche haben werden, wachsender Wohlstand, mehr Konsum. Doch ich werde jetzt nicht über Politik und Soziales lehren, weil sich das zehnte Gebot nicht primär an die reichen Länder im Gegensatz zu den armen richtet, sondern an den Einzelnen. In diesem Gebot steht *du* in der Einzahl. Ich habe die allgemeine Frage von Armut und Reichtum jedoch angeschnitten, weil Begehren oder Habsucht auf furchtbare Art und Weise offenbar werden, wenn wir uns klar machen, dass wir zu den dankbarsten Völkern der Erde gehören sollten. Wir sollten mit dem, was wir haben, zutiefst zufrieden sein. Jemand hat einmal gesagt: Wenn alle Menschen der Erde eingeladen wären, ihre Nöte zu einem großen Haufen aufzuschichten, und jede Person sollte dann einen proportionalen Anteil wieder mitnehmen, würden wir lieber zu unserem ursprünglichen Zustand zurückkehren.

Im zehnten Gebot geht es um etwas sehr Einfaches: Gier. Es ist das einzige der zehn Gebote, das sich um innere Gedanken und Gefühle dreht, statt um äußerlich sichtbare Taten oder Worte; es ist das eine, das uns direkt ins Herz trifft, und es ist das einzige der zehn, das Saulus von Tarsus als frommer Jude nicht halten konnte. Er schreibt, im Hinblick auf das Gesetz sei er, was das äußerlich Sichtbare anging, unbescholten gewesen. Er war ein Hebräer von Hebräern, ein Pharisäer von Pharisäern. Niemand konnte seine Gesetzestreue infrage stellen, aus dem einfachen Grund, weil niemand in sein Herz blicken konnte. Doch in seinen geständigen Momenten im siebten Kapitel des Römerbriefs gibt er zu, dass er als Pharisäer ein Gesetz nicht halten konnte: „Du sollst nicht begehren." Die Pharisäer waren dafür ziemlich berüchtigt. Niemand weiß, ob Sie in Ihrem Herzen etwas begehren, was einem anderen gehört.

Wenn ich die Bibel durchblättere, stelle ich fest, dass ein Mann nach dem anderen und eine Frau nach der anderen durch diese eine Haltung ruiniert wurden. Hier kommt eine Liste, die ich sehr schnell erstellen konnte. Im Alten Testament begann es mit einer Frau: Eva. Sie sah etwas, das ihr nicht zustand. Sie begehrte

## NICHT BEGEHREN

es, und es dauerte nicht lange, bis sie es sich nahm. Die nächste Person, die mir auffiel, war ein Mann: Lot. Als Abraham und Lot das Verheißene Land betrachteten, fragte Abraham, der ältere von beiden, der Onkel, seinen Neffen: „Welchen Teil des Landes willst du?" Lot sah auf das Jordantal hinab, das vielversprechend und fruchtbar aussah, und sagte: „Ich nehme das", und ließ sich an einem Ort namens Sodom nieder, direkt neben der Ortschaft Gomorra – das hätte Lot fast das Leben gekostet.

Die nächste Person war ein Mann, der ein ganzes Volk an den Rand der Katastrophe brachte, weil er etwas sah, das jemand anderem gehörte und das er haben wollte. Sein Name war Achan. Sie können die Geschichte im Buch Josua nachlesen. Die Israeliten hatten Jericho besiegt und wollten jetzt die Stadt Ai einnehmen. Sie wussten nicht, dass ein junger Mann unter ihnen etwas in Jericho gesehen und an sich genommen hatte, weil er es begehrte. Da Gott über Achan Bescheid wusste, gelang es ihnen nicht, die Stadt Ai einzunehmen. Ich habe die Söhne Elis notiert, Eli war der Priester, der den kleine Samuel großzog. Elis Söhne ruinierten den Dienst Samuels und verloren ihren eigenen, weil sie begehrlich und habsüchtig waren. Samuels Söhne litten unter demselben Fehler. Wir kommen zu Saul, dem ersten König Israels. Ahab ist mir bereits aufgefallen. Ein Mann namens Gehasi, der Diener des Propheten Elisa, ließ es nicht zu, dass Naaman umsonst geheilt wurde, und wollte eine Gegenleistung dafür. Immer und immer wieder stoßen Sie in der Bibel auf Männer und Frauen, die durch Habsucht ruiniert wurden.

Wenden wir uns dem Neuen Testament zu, ändert sich die Lage nicht. Der erste Mann, der mir auffiel, war Judas. Wir sagen oft, dass er seinen Erlöser für 30 Silberstücke verkaufte. Das stimmt nicht, er verkaufte sich selbst für dreißig Silberstücke. Er verkaufte sein eigenes Leben; keine 24 Stunden später war er tot. Dann kommen wir zu Simon Magus. Er beobachtete, dass Simon Petrus Menschen die Hände auflegte, die daraufhin Kraft empfingen; der Heilige Geist kam auf sie. Simon Magus zog seine Geldbörse heraus und sagte: „Was kostet das Geheimnis dieses Tricks? Ich bin auch ein Zauberer, und ich will deinen Trick; verrate mir dein Geheimnis."

Petrus antwortete ihm: „Zur Hölle mit dir und deinem Geld. Du musst Buße tun."

Hananias und Saphira – man könnte sie auch in gewisser

## DIE GEBRAUCHSANWEISUNG DES SCHÖPFERS

Weise als die ersten christlichen *Märtyrer* bezeichnen, doch sie waren Märtyrer ihres Besitzes und nicht des Glaubens. Demetrius ist eine der traurigsten Figuren in der gesamten Bibel. Über ihn wird berichtet, dass die Gier ihm zu Kopf stieg. Ich könnte weitermachen: Auf Felix traf das genauso zu, ebenso wie auf Demas. Die Seiten der Heiligen Schrift sind voller Männer und Frauen, deren Leben durch Gier ruiniert wurde – nur dadurch.

Die Bibel sieht einen engen Zusammenhang zwischen Gier und unseren Augen. Das Augenlicht ist ein Geschenk, doch bei manchen Menschen ruft es Habsucht hervor. Eva sah die Frucht am Baum, begehrte sie und nahm sie an sich. Achan sah ein schönes Schmuckstück, das er haben wollte, und nahm es sich. Heute müssen wir uns in einer Welt zurechtfinden, in der uns die Werbung immer und immer wieder irgendwelche Wünsche nahelegt. Es ist wirklich nicht einfach, Sie können keine Sendung im Fernsehen ansehen, die nicht durch jemanden unterbrochen wird, der sagt: „Jeder andere hat dieses Produkt, Millionen von Menschen besitzen es – warum du nicht auch?" Wir leben in einer Welt, die unter Druck steht, in der Gier aus kommerziellen Gründen gefördert wird. Es ist nicht leicht, mit dem zufrieden zu sein, was Sie haben, wenn Sie sehen, was andere besitzen.

Ein höchst verstörender Einfluss weltweit ist die Verbreitung der medialen Unterhaltungsindustrie. Menschen, die in ärmeren Regionen der Welt arbeiten, haben mir Folgendes erzählt: Der Export von Hollywood-Filmen in diese Länder hat große Verbitterung, Wut, Unzufriedenheit und Entschlossenheit, es im Leben weiter zu bringen, ausgelöst. Diese Filme zeigen einen Lebensstil in luxuriösen Apartments, von denen niemand träumte, bis die Massenmedien kamen. Ich sage nicht, wir hätten diese Menschen in ihrer Armut alleinlassen sollen. Doch wir haben einen Lebensstandard zur Schau gestellt, der bei Weitem über ihren eigenen hinausgeht.

Gier hat einen Cousin zweiten Grades, der „Stolz" heißt. Die beiden treten oft gemeinsam auf. Wir sind gierig, weil wir stolz sind. Ich möchte auf drei übliche Gewohnheiten verweisen, die unsere Gier offenbaren. Die erste besteht darin, Dinge zu sammeln. Ich sage nicht, es handle sich um eine falsche Gewohnheit; was ich sagen möchte ist, dass die Sammelleidenschaft eine furchtbare Versuchung mit sich bringt. Woraus besteht Ihre Sammlung? Aus Briefmarken oder Antiquitäten?

## NICHT BEGEHREN

Ich weiß noch, wie ich mit einem Mann zu Mittag aß, in dessen Gemeinde ich gepredigt hatte. Er sagte: „Ich möchte dir später meine Sammlung zeigen, ich habe viele Jahre mit dem Sammeln verbracht." Er ließ mich im Ungewissen und erzählte mir nicht, worum es sich handelte. Nach dem Essen führte er mich hinter das Haus; dort stand ein riesiger Bretterschuppen. Er machte die Türen weit auf, und im Schuppen standen rund 25 Postkutschen, die alle dort weggesperrt waren. Er muss dafür ein Vermögen ausgegeben haben, sie waren alle wunderschön restauriert. Da standen Sie nun: „Meine Postkutschen, meine Sammlung." Wenn Sie sich dem Sammeln verschrieben haben, sollten Sie sich zwei Fragen stellen: Was macht meine Sammlung mit mir und was kann sie für jemand anderen bewirken?

Sammeln ist notwendig, um etwas Wertvolles aus der Vergangenheit zu erhalten. Wir brauchen Menschen, die Dinge sammeln, von denen andere dann profitieren können. Doch wenn meine Sammlung mich einfach nur stolzer und gieriger macht und dazu führt, dass ich immer mehr von diesen Dingen besitzen will, um sagen zu können: „Ich habe noch mehr", dann sind wir von unserem Besitz besessen. Wenn ich andererseits etwas sammle, um es für andere zu erhalten und mit ihnen etwas zu teilen, das für sie interessant und wertvoll ist, dann ist die Sache anders zu bewerten. Ich erwähne es hier, weil diese Gewohnheit weitverbreitet ist. Die meisten von uns sammeln etwas.

Zweitens, es gibt die Gewohnheit zu feilschen. Die ganze Welt liebt ein Schnäppchen. „Rate mal, wieviel ich dafür bezahlt habe." Wir müssen aufpassen, dass wir bei unserer Geschäftemacherei nicht die Gier füttern. Manchmal lieben wir einen Deal, weil wir etwas für weniger bekommen haben, als es wert war. Mir liegt das im Blut, genau wie meinem Großvater. Meine Großmutter verbrachte die Zeit, als er in Rente war, damit, ihn mit nutzlosen Sachen zurück ins Auktionshaus zu schicken. Er sagte: „Schau, ich habe dieses schöne, große Bild für nur zehn Schilling bekommen."

„Bring es zurück", sagte meine Großmutter – sonst hätte sie im Haus keinen Platz mehr für sich gehabt!

Ich habe einmal einen netten kleinen Cartoon in einer Zeitschrift gesehen. Er zeigte ein Schaufenster voller Pelzmäntel mit tollen Sonderpreisen: 50 Prozent reduziert. Eine Dame betrachtete es, während ihr sanftmütiger, kleiner Ehemann neben ihr stand und

## DIE GEBRAUCHSANWEISUNG DES SCHÖPFERS

murmelte: „Ich könnte ihr sagen, wie man 100 Prozent spart." Wir müssen uns fragen: Kaufe ich etwas, was ich eigentlich weder mag noch brauche, weil es zu diesem Preis an meine Gier appelliert?

Die dritte, sehr übliche Gewohnheit, die unser Land heimgesucht hat und unsere Moral verfallen lässt, ist das Glücksspiel, was ich schon erwähnt habe. Es gibt viele Formen davon, manche sind sehr subtil. Wir wurden hinters Licht geführt, als man die Prämienanleihe einführte. Es sei kein Glücksspiel, hieß es. Tatsächlich? Sie spekulieren mit den Zinsen, nicht mit dem Kapital. Das erste Mal seit langem hat unser Land dadurch offiziell Spekulationsgeschäfte in unser Wirtschaftsleben eingeführt. Mittlerweile ist es zu einer landesweiten Seuche geworden, und viele geben mehr für diese Geschäfte aus als für Lebensmittel.

Ich habe einmal einen sterbenden Mann besucht, ich werde es nie vergessen. Er lag im Bett und hustete sein Leben aus. Wissen Sie, was er in den letzten Stunden seines Lebens tat, als er sich hätte darauf vorbereiten sollen, seinem Schöpfer zu begegnen? Er füllte einen Fußballtotoschein aus. Ich fragte ihn: „Wozu tust du das, gerade jetzt, in diesem Moment?"

Er antwortete: „Weil ich keine Vorsorge für meine Familie getroffen habe, daher setze ich jetzt alles auf diese Karte."

Es ist eine Gewohnheit, die der Gier nachgibt, und ein Spieler gibt einen schlechten Arbeitgeber ab. Er versucht, etwas umsonst zu bekommen und schnell reich zu werden.

Was ist falsch an der Gier? Was ist falsch daran, etwas zu bekommen, was einem anderen gehört? Warum nicht? Er hat es, warum sollte ich es nicht haben wollen?

Erstens, es ist eine Sünde, die einen Menschen in die Hölle bringen kann, doch ich glaube nicht, dass Gott irgendetwas willkürlich als Sünde bezeichnen würde. Er sagt nicht einfach: „Ich werde das einfach eine Sünde nennen, weil es ihnen Spaß zu machen scheint." So denkt Gott nicht. Wenn er etwas eine Sünde nennt, tut er es, weil es schlecht für uns ist – und weil er uns gemacht hat, weiß er, was das Beste für uns ist. Er weiß, was Gier auf lange Sicht mit einer Person macht – er weiß, dass Habsucht sie zerstören wird.

Es gibt drei Dinge, die die Bibel über Gier sagt – Begehren. Erstens, das Herz des Menschen ist süchtig. Zweitens, der Verstand des Menschen wird getäuscht. Drittens, die Seele des Menschen wird zerstört.

## NICHT BEGEHREN

Erstens, das Herz des Menschen ist süchtig. Das Außergewöhnliche ist: Je mehr er hat, desto mehr will er haben. Er wird nie zufrieden sein, sondern immer von einem noch größeren Deal träumen; er wird immer seine Scheunen niederreißen und größere bauen. Ich erinnere mich an die Geschichte eines Viehhändlers, der so beschäftigt damit war, mit Vieh Geld zu verdienen, dass er schließlich einen Zusammenbruch erlitt. Sein Arzt schickte ihn in den Südwesten Englands, um sich gründlich auszuruhen und eine Pause einzulegen, damit er wieder zu Kräften kam. Als er dort ankam, aß er in seinem Hotel zu Mittag und ging dann schnurstracks zur Rezeption, wo er den Rezeptionisten fragte: „Kennen Sie Bauern in der Nähe, die Vieh zu verkaufen haben?" Er konnte sich einfach nicht davon lösen. Das Herz des Menschen ist süchtig. Statt sich um seine Bedürfnisse zu kümmern, wird er vollkommen von seinen Wünschen vereinnahmt.

Zweitens, der Verstand des Menschen wird in zwei Bereichen *getäuscht*. Zum einen glaubt er fälschlicherweise, er sei erfolgreich, wenn er viel hat. Wir sagen sogar über einen Mann, der viel Geld verdient hat: „Er hat es weit gebracht." Stimmt das wirklich? Sie könnten sich darin schwer täuschen. Die andere Täuschung betrifft nicht nur die irrige Annahme, erfolgreich zu sein, sondern auch die falsche Vorstellung, abgesichert zu sein. „Mach es dir bequem. Du hast es weit gebracht. Du hast ein Unternehmen aufgebaut. Deine Scheunen sind voll. Mach es dir jetzt gemütlich, setze dich zur Ruhe und genieße es." Doch Gott sagt: „Du Narr, du wirst es nicht genießen, weil du es heute Abend hinter dir lassen musst. Heute Abend wird man deine Seele von dir verlangen."

Drittens, die Seele des Menschen wird *zerstört*. Jesus berichtet in einer seiner unschlagbaren Geschichten vom Samen des Wortes Gottes. Er kann in das Leben eines Menschen eingepflanzt werden, Samen, der keimen und Leben hervorbringen könnte und dann von den Dornen erstickt wird. Was sind diese Dornen? Lesen Sie Jesu eigene Interpretation des Gleichnisses vom Sämann: die Verlockungen des Reichtums ersticken das Wort. Ein Mensch, der gerettet werden könnte, wird dadurch erstickt, der Same trägt keine Frucht, das geistliche Leben entwickelt sich nicht und er tötet seine eigene Seele. Was nützt es einem Mann, wenn er sagen kann: „Mir gehört die Welt; ich habe jede mögliche Firma in meiner Generation übernommen. Es ist jetzt ein weltweiter

# DIE GEBRAUCHSANWEISUNG DES SCHÖPFERS

Konzern." Welchen Gewinn hat er gemacht, wenn er sein eigenes Leben verliert? Was ist das Heilmittel? Hier sind vier Schritte. Der erste ist die *Bekehrung*. Es ist sehr schwer, sich zu bekehren, wenn Sie reich sind. Nach biblischen Standards sind die meisten Menschen in unserer Gesellschaft reich. Jesus sagte, für einen Reichen sei es schwierig. Es sei leichter, ein Kamel durch ein Nadelöhr zu bringen, als einen reichen Mann in die Ewigkeit. Das ist einer der Gründe, warum es heute in England so schwierig ist, Menschen zu bekehren – weil wir reich sind. Wir fahren in unseren Autos herum. Wir brauchen nichts. Wir *begehren* viele Dinge, doch die meisten von uns *brauchen* nichts.

Wir sind also reich, und Jesus sagte, es sei schwierig, doch es gibt keine Hoffnung für einen Menschen, bis er sich bekehrt – das ist der erste Schritt. Es gab einen jungen, reichen Mann, der zu Jesus kam. Es ist eine der traurigsten Geschichten überhaupt. Er kam zu Jesus, der ihm erklärte, wie man ewiges Leben empfängt, und er wusste, dass es stimmte. Er wandte sich traurig ab, und Jesus ließ ihn gehen, weil er zu gierig war. Das Begehren hielt sein Herz fest. Bekehrung bedeutet einen Wechsel: vom verlorenen Sohn, der sagte: „Gib mir", zum verlorenen Sohn, der bat: „Vergib mir."

Der zweite Schritt ist *Hingabe*: nachdem man Vergebung empfangen hat, sich selbst und seine Besitztümer Gott zu geben. Ein Gastprediger erklärte, wie er das tat. Er schrieb einer Liste aller Dinge, die er besaß. Er war erstaunt, da er vorher nicht glaubte, dass er viel hätte, doch er bekam eine ganze Menge zusammen. Haben Sie jemals alles aufgeschrieben, was Sie besitzen? Sie werden geschockt sein, wie viel es ist. Dann ging er die Liste durch und sagte: „Herr, ich werde jedes dieser Dinge dir geben, bitte sag mir, was ich behalten kann und was ich deiner Meinung nach loswerden soll." So arbeitete er die Liste durch. „Meine Kamera?"

Der Herr sagte: „Die kannst du behalten. Ich kann sie gebrauchen." Daher hakte er sie ab.

„Meine Platten?"

„Die kannst du weggeben", und er machte ein Kreuzchen dahinter.

Er ging alles durch und hatte dadurch selbst die Dinge, die er behielt, weggegeben. Verstehen Sie? Das bedeutet Hingabe. Sie sprechen also nicht mehr von „meinem Haus" oder „meinem Auto." Es ist *seine* Firma, *sein* Auto und *sein* Haus.

## NICHT BEGEHREN

Der dritte Schritt besteht darin, *Zufriedenheit* zu lernen. Es ist eine der härtesten Lektionen im Leben, und manche Menschen brauchen Jahre, um sie zu lernen. Doch Paulus konnte sagen: „Ich bin zufrieden mit viel oder wenig." Das ist das große Geheimnis. Was für eine Lektion! Gott will, dass manche Menschen viel besitzen, weil sie es für ihn einsetzen können, und anderen überlässt er wenig. Doch jene, die wirklich gelernt haben, dass der Herr ihr Hirte ist, sagen: „Mir wird nichts mangeln. Ich habe gelernt, mit viel oder wenig zufrieden zu sein." Ich weiß nicht, welche Lektion schwieriger zu lernen ist – ich vermute, mit viel zufrieden zu sein, wenn andere Dinge in Ihrer Reichweite liegen.

Der vierte Schritt beinhaltet, *Ihr Begehren umzulenken* und zwar in die richtige Richtung. Wissen Sie, wo im Neuen Testament Christen aufgefordert werden, zu begehren? Die richtige Art des Begehrens ist die Antwort auf die falsche Art. *Begehren* bedeutet, etwas haben zu wollen, was einem anderen gehört – Sie wollen es für sich. Sie sollen nicht Ihres Nächsten Haus, seine Frau, seinen Esel oder Sklaven begehren – nichts, was ihm gehört. Ist das nicht eine interessante Reihenfolge? Erstens, das Haus, zweitens, die Frau, drittens, der Esel, wie auch immer, Sie sollen nichts von dem begehren, was ihm gehört, mit einer Ausnahme. Die Bibel sagt: „Strebt nach den geistlichen Gaben."

Warum? Weil diese Gaben Sie befähigen werden, wie Sie nachlesen können, anderen Menschen zu dienen – daher begehren Sie etwas, das Ihnen helfen wird, anderen zu helfen.

Genau das sollen wir begehren. Wir sollen nach Diensten an anderen Menschen streben. Wir sollen begierig sein nach den Gaben des Geistes, damit wir die Reichtümer Christi mit anderen teilen können. Wir sind aufgerufen, das zu begehren, was uns befähigen wird zu *geben*, nicht selbst etwas zu bekommen – nicht Gaben zu begehren, die uns ermöglichen werden, viel Geld zu verdienen. Oh, welch begehrenswerte Gaben gibt es doch!

Zusammengefasst noch einmal die vier Schritte: *Bekehrung* (die Beziehung mit Gott bereinigen; „vergib mir"); *Hingabe* („Herr, nicht nur ich gehöre dir jetzt, sondern du hast mich, meine Kleidung, meine Arbeit und alles andere erkauft; hier ist es – alles"); *Zufriedenheit* zu erlernen mit dem, was der Herr Ihnen zurückgibt – er mag Ihnen viel oder wenig geben, es geht um die Zufriedenheit; *die Dinge zu begehren, die Sie befähigen werden,*

## DIE GEBRAUCHSANWEISUNG DES SCHÖPFERS

*in eine bedürftige Welt hinauszugehen und den Menschen das zu geben, was sie brauchen.*

Ist Ihnen bewusst, dass der Herr Jesus kein eigenes Haus hatte – er hatte keinen Ort, um seinen Kopf niederzulegen; er endete mit nichts, denn selbst seine Kleider wurden ihm genommen und verlost – doch er war zufrieden. Er hatte alles, was er brauchte, doch er hatte noch mehr. Er hatte all das, was alle anderen brauchten, und er gab es ihnen. Er war reich, doch für uns wurde er arm, damit wir durch seine Armut reich würden. Er kam in einem schmutzigen Stall auf die Welt, und es gab nicht einmal ein Kinderbett oder einen Babywagen, in den man ihn hätte legen können. Er hatte nichts, was er zurücklassen konnte, als er die Welt verließ, außer seinem Frieden. Doch seine Reichtümer gehören Ihnen, wenn Sie an ihn glauben.

www.ingramcontent.com/pod-product-compliance
Lightning Source LLC
Chambersburg PA
CBHW071626080526
44588CB00010B/1284